小小科学馆 知识天天看

解读奥秘世界

策划：光玉
主编：郭漫

航空工业出版社

北京

内容提要

这是一本广收博采各门类奥秘知识的百科全书，书中以最生动的语言、最缜密的思维、最精彩的图片，讲述了地球之外的秘密、神奇的自然、生命的奥秘、动植物的奥秘、人类创造的奥秘等。

我们从科学的角度出发，将其中的奥妙娓娓道来，与中小学生及广大青少年爱好者一起畅游瑰丽多姿的奥秘世界，一起探索种种扑朔迷离的科学疑云。

图书在版编目（CIP）数据

解读奥秘世界／郭漫主编．--北京：航空工业出版社，2012.9（2020.7重印）

（小小科学馆）

ISBN 978-7-5165-0034-7

Ⅰ．①解… Ⅱ．①郭… Ⅲ．①科学知识-儿童读物 Ⅳ．①Z228.1

中国版本图书馆 CIP 数据核字（2012）第 146188 号

解读奥秘世界
Jiedu Aomishijie

航空工业出版社出版发行
（北京市朝阳区北苑 2 号院　100012）
发行部电话：010-84936597　010-84936343

北京一鑫印务有限责任公司印制	全国各地新华书店经售
2012 年 9 月第 1 版	2020 年 7 月第 3 次印刷
开本：700×1000　1/16	印张：8　字数：240 千字
印数：25001-30000	定价：16.80 元

如有印装质量问题，我社负责调换

前言

　　这是一本广收博采各门类奥秘知识的百科全书，书中以最生动的语言、最缜密的思维、最精彩的图片，讲述宇宙的神秘、神奇的自然、生命的奥秘、动植物的奥秘、人类创造的奥秘等。

　　我们从科学角度出发，将其中的奥秘娓娓道来，与青少年一起畅游瑰丽多姿的奥秘世界，一起探索扑朔迷离的科学疑云。

　　宇宙是伟大而浩瀚的，本书为我们了解广漠无边的宇宙打开了一扇神奇的窗户，让我们对美丽宇宙产生无限的向往和期待。不仅浩瀚的宇宙有着无数的奥秘，我们所生活的地球同样也有着许许多多的奥秘，这些都让我们惊奇、痴迷。

　　生命本身就是个奥秘，根本无人能完全解读。生命没有重量，没有体积，但有力量。生命刻画出大千世界的千姿百态和绚丽色彩。

　　人类对地球的探索从远古时候就开始了，那时候，人类就已经意识到了一些自身先天所欠缺的成分，并懂得从动物那里借取力量。

　　大自然威力无边，造物神奇，不但使地球上生活着各种千奇百怪的动物，还生长着许许多多奇异的植物。

　　一些奇特的自然现象曾经让人类惊恐、迷惑，石头会杀人，很奇怪吧？海豚有救人的美德，你知道吗？植物世界也有穷争恶斗，你能解释其中的原因吗？你想了解生活在2000多年前的中国女性是什么样子吗？曾经著名的楼兰古城突然神秘地消失了，是什么原因呢？……在科学极大发展的今天，一个个奥秘被解开，让我们真正知道了这些现象背后的原因。

　　自从有人类以来，勤劳智慧的人民创造了辉煌的历史文化。以信息技术为核心的高科技发展日新月异，它们深深地影响了人们的日常生活。

　　本书将众多的神秘现象以一种轻松有趣的形式汇辑成书，让青少年读者在惊奇与感叹中完成一次次趣味无穷的旅程，相信在旅途中定会有意想不到的收获。

编　者

目录

第1章 地球之外的秘密

- 谁是宇宙的先祖？ …………002
- 宇宙也有末日吗？ …………003
- 疯狂膨胀的宇宙 …………004
- 天体大冲撞 …………005
- 太阳上的大风暴 …………006
- 50亿岁的太阳 …………007
- 地球会爆炸吗？ …………008
- 地球自转速度减慢的奥秘 …………009
- 人造卫星飞出地球 …………010
- 月球形成的奥秘 …………011
- 月球是未来的能源供应基地吗？ …………012
- 逆转的金星 …………013
- 第二个太阳——木星 …………014
- 火星的奥秘 …………015
- 被除名的原"九大行星"之一——冥王星 …………016
- 掠过夜幕的惊鸿——流星 …………017
- 夜空中的大"扫帚"——彗星 …………018

- 居无定所的北极星 …………019
- 恒星的生死奥秘 …………020
- 小行星探秘 …………021
- 星团的奥秘 …………022
- 神秘天外客——陨石 …………023
- 臭氧空洞的奥秘 …………024

解读奥秘世界

令人困惑的地中海…………026
不死的死海…………027
会"长大"的红海…………028
次声波"杀人"之谜…………029
海鸣是怎么回事…………030
奇异的平顶海山…………031
奇特的海底温泉…………032
地球上最大的"伤疤"…………033
巴林杰陨石坑的奥秘…………034
火山口湖的奥秘…………035
南北极最瑰丽的景色…………036
亚马孙雨林…………037
陆地的背面为什么是海洋…………038
浩瀚海水从何而来…………039
无色透明的海水为何呈蓝色…………040
海盐来自何方…………041
千奇百怪的石头…………042
有趣的响石…………043

第2章 自然,如此神奇

极昼极夜的奥秘…………044
火山爆发之谜…………045
地震产生之谜…………046
酸雨的奥秘…………047
海水中的赤潮…………048
海水发怒咆哮…………049
凶猛神速的龙卷风…………050
万里晴空坠冰…………051
神奇宝物夜明珠…………052

人体内的"小宇宙"…………054
地球之外还有智慧生命吗?…………055
地球生命源自何处…………056
人类是否还在继续进化…………057
人究竟能活多久…………058
人类衰老之谜…………059
基因颠倒错排…………060
克隆技术…………061
神秘无比的多胞胎…………062
细胞工程技术…………063
暗示的力量…………064
智力的奥秘…………065

第3章 透视生命的秘密

女人和男人谁更聪明…………066
梦境中的旅行…………067
眼皮跳动是怎么回事…………068
久放不腐的人体…………069

巨兽时代的生命——恐龙 …………… 071
恐龙时代的海洋霸主 …………… 072
恐龙灭绝之谜 …………… 073
长毛象 …………… 074
化石饼中的石鱼 …………… 075
总鳍鱼是四足动物的祖先吗？ …………… 076
海底狮王大白鲨 …………… 077
常走绝路的鲸 …………… 078
会"变脸"的章鱼 …………… 079
奋起救人的海豚 …………… 080
海豚智力之谜 …………… 081
鸟类起源之谜 …………… 082
候鸟为何迁徙 …………… 083
离奇的企鹅起源 …………… 084
为什么北极没有企鹅？ …………… 085
致人死命的蝴蝶 …………… 086
蚊子叮咬人的奥秘 …………… 087
未卜先知的动物 …………… 088

第4章 动物植物的传奇

动物的浪漫爱情 …………… 089
动物的"优生优育" …………… 090
动物的再生术 …………… 091
植物也吃肉？ …………… 092
挂满面包的树 …………… 093
奇妙的产油树 …………… 094
三月轻风中的舞蹈仙子 …………… 095
植物王国的数理奥秘 …………… 096
植物可以自己改变遗传密码 …………… 097
植物生长素的奥秘 …………… 098
植物种子如何传播 …………… 099
植物睡眠之谜 …………… 100
植物发光的奥秘 …………… 101
草木有情吗？ …………… 102
植物也会说话？ …………… 103
植物交流也疯狂 …………… 104
神奇的人造植物 …………… 105
植物世界之最 …………… 106

第5章 人类最惊人的创造

神秘的金字塔 …………… 108
被火山湮没的庞贝古城 …………… 109
强大的孔雀帝国 …………… 110
英国巨石阵 …………… 111
吴哥古城的奥秘 …………… 112
巴比伦城的奥秘 …………… 113
古罗马科洛西姆竞技场 …………… 114
"驻颜有术"的汉代女尸 …………… 115
转基因食品 …………… 116
核武器 …………… 117
飘起来的磁悬浮列车 …………… 118
现代通信技术 …………… 119
节能技术 …………… 120
海水能够淡化吗？ …………… 121
地热能 …………… 122

第 1 章

地球之外的秘密

宇宙是伟大而浩瀚的,
在这浩瀚的宇宙中,有着无穷尽的奥秘。
正因为如此,
人们才迫切地想知道,
我们所在的这个宇宙中的一切未知东西。
人类对宇宙奥秘的探索是没有穷尽的,
航天事业的迅速发展,
正是人类积极探索宇宙奥秘的体现。
宇宙的未知世界正在人类的高科技面前,
被一层一层地揭开神秘的面纱。
本章讲述了科学家对宇宙奥秘的最新探索,
从宇宙的起源到太阳系中的小行星,
对各种引起人们好奇的问题
均进行了详细地解说。
本章内容为我们了解
这广漠无边的宇宙打开了一扇神奇的窗户,
让我们对自己生活的宇宙
充满美丽的幻想与期待。

谁是宇宙的先祖？

↑ 眩目的宇宙之光

科学上把广漠的空间和其中存在的各种天体以及弥漫的物质总称为宇宙。宇宙是物质世界，它处于不断地运动和发展中。宇宙的形成一直是一个奥秘，千百年来，科学家们一直在探索、寻觅……

宇宙形成的稳态说

即使在发现宇宙正在膨胀之后，很多科学家仍然坚持若干世纪以来的观点，认为宇宙除去一些细微部分外，基本没有任何变化。同时，认为宇宙不需要一个开端或结束的想法也没有被人们放弃。有科学家提出这样一个观点：宇宙中的物质密度维持不变的原因是物质正以恰当的速度不断创生着，这一创生速度刚好与因膨胀而使物质变稀的效果相平衡，所以，这种状态一直保持至今。

稳态理论非常肯定地预言了宇宙应该是什么样子的。稳态理论所要求的创生速率很小，在 1 立方米的体积内，每 100 亿年大约创生出 1 个原子。当宇宙背景辐射被发现后，稳态理论基本上已被否定。

宇宙形成的大爆炸说

大爆炸说认为宇宙体系是不断膨胀的，并不是静止不动的，是使物质密度从密到稀演化的过程。这一从热到冷、从密到稀的过程如同一次规模巨大的火山爆发。

大爆炸的整个过程是：在宇宙的早期，温度极高，在 100 亿度以上。物质密度也相当大，整个宇宙体系达到平衡。但是因为整个体系在不断膨胀，结果温度很快下降。当温度降到 10 亿度左右时，中子开始失去自由存在的条件，它要么发生衰变，要么与质子结合成重氢、氦等元素，化学元素就是从这一时期开始形成的。

当温度降到几千度时，辐射减退，宇宙间主要是气态物质，气体逐渐凝聚成气云，再进一步形成各种各样的恒星体系，才成为我们今天看到的宇宙。

宇宙也有末日吗？

宇宙会不会一直存在呢？如果不是一直存在的话，那么宇宙的末日是哪一天？它将会怎样消亡呢？很多科学家提出"宇宙末日"论，对宇宙末日有很多不同的说法，目前，主要有两种截然不同的观点。

宇宙将会"压缩而死"

科学家普遍认为，宇宙中有5%是构成星体和生命的普通物质；20%可能是由我们还没有认识到的粒子构成的"暗物质"；剩下75%的宇宙物质，科学家们用暗能量来加以解释。因此，对暗能量的考察研究，将对探寻宇宙的未来具有关键的意义。

很多学者认为，决定宇宙命运的关键是宇宙间究竟有多少物质。他们分析：宇宙已经处在它的"中年时期"，其膨胀速度将逐渐变慢、停止，最后将开始收缩。宇宙内所有的能量和物质最终都将在110亿年内，坍缩成一个无限小的奇点，在这个奇点上，时间和空间将变得毫无意义。也就是说，宇宙将会"压缩而死"。

宇宙将会"膨胀而亡"

虽然学术界对于暗能量的性质及作用力的解释目前还没有统一的结论，不过不少科学家相信，宇宙间的物质可利用它们的万有引力使宇宙膨胀速度停下来，并最终形成一个既不膨胀也不收缩的平衡状态。

但很多科学家却认为，如果暗能量的作用力方向与万有引力相反，即表现为斥力，那么，宇宙将会膨胀到无限的虚空，并最终走向灭亡。也就是说，宇宙会"膨胀而亡"。

↑ 充满无穷能量的宇宙

疯狂膨胀的宇宙

1916年,爱因斯坦在相对论中建立了一整套描述整个宇宙特性的方程组。通过这些方程组人们可以知道,宇宙将会不断地扩大,并且处在不断膨胀的状态中。

宇宙在膨胀吗

爱因斯坦在建立描述整个宇宙特性的方程组时,不但没有向世人宣布这个惊人的推论,反而在自己的公式中设立了一个宇宙常数,来抵消这种膨胀的趋势。真实的原因可能是他不愿意承认宇宙——确切地说是空间——正在不断地膨胀,也或许是因为这位伟大的科学家不愿意让人类遭受到如此巨大的"惊吓"。

哈勃的宇宙膨胀定律

1929年,美国天文学家哈勃通过总结谱线红移的规律得出一个结论:正如火车远离我们行驶时汽笛的声调(即频率)比静止不动时的声调更低一样,所有离我们很远的星系都在离地球而去,距离地球越远的离开的速度就越快。如果一个星系与地球的距离是另一个星系的2倍,那么这个星系就在以2倍于另一个星系的速率离地球而去,依此类推。

这就是天文学界有名的"哈勃定律"。对于哈勃描述的宇宙膨胀现象,我们可以用地球来做个假想实验。假设地球半径1小时增大1倍,那么地球表面两点间的距离也会在1小时内延伸1倍。换句话说,距离我们所在城市100千米的城镇在这1小时中是以每小时100千米的速度离我们而去的,而对于距离我们所在城市200千米的城镇,它的离去速度就是每小时200千米。我们把这个实验套用在宇宙中就会明白,看似所有的星系都在离我们而去,而且距离越远跑得越快,就是因为这些星系所处的空间——宇宙正在膨胀。

天体大冲撞

随着科学的发展以及人类对天体现象日益密切的关注，人们观测到多次的天体冲撞。这不禁让人类担心，我们的地球会不会也遭遇到这样毁灭性的冲撞，其他天体会不会撞上地球，我们能躲过宇宙的灾难吗？

天体大冲撞会威胁到地球吗

能够对地球造成威胁的，是来自小行星的冲撞。有证据表明，曾经发生过小行星撞击地球的灾难事件，那一次撞击让墨西哥的一个小岛留下了巨大的环形山口。当时，还只是一颗偏离轨道的小行星，却已经造成了很大的影响。而在宇宙中类似这样的"小型炸弹"数不胜数，时时威胁着地球。

除了小行星，宇宙陨石也会对地球造成危害。例如在我国吉林省发现的巨型陨石，就是其中质量较大的一块，它留下了一个巨大的撞击坑洞。当然，大部分较小的陨石在落入地球引力范围时，会与大气层摩擦而被熔化掉，只有少数陨石能落到地球上来。

↑ 小行星撞上地球后，会产生怎样的后果呢？

冲撞能造成什么样的后果

科学家推测，由于撞击之后会带来剧烈的浓烟，浓烟厚度可以遮天蔽日，造成太阳光被遮蔽，于是地球上的植物不能进行光合作用，从而不再生长甚至导致灭绝。那样的话，一些以植物为生的动物和与之密切联系的食物链中的所有物种都会相继灭绝。这一后果对地球与人类来讲不能不说是毁灭性的。

太阳上的大风暴

太阳风暴爆发时,会给人类带来很多危害,它会影响通信、威胁卫星、破坏臭氧层等。但是,对太阳剧烈活动、太阳黑子爆发、太阳风暴对地球的具体影响以及如何预防等方面,还需要科学家进行不懈的探索与研究。

太阳风暴

由于日冕中的气体温度很高,当能量达到足以克服太阳引力时,就会以每秒约400千米的速度离开太阳,向空间释放出大量带电粒子流,这样形成的高速粒子流叫做太阳风暴。由于太阳风暴中的主要成分是带电等离子体,并以每秒350~450千米的速度闯入太空,因此,它会对地球的空间环境产生巨大的冲击。

↑ 太阳耀斑

太阳黑子和太阳耀斑

太阳黑子和太阳耀斑是影响太阳风暴的重要因素。太阳黑子是太阳表面上的黑色斑点,是由于太阳大气中产生局部爆炸,而在太阳表面出现的黑斑。用肉眼观测,会感觉到太阳仿佛长了一颗颗黑痣一样。随着太阳的自转,这些"黑痣"在十几天之内就会从西面转到东面,但运动速度非常慢。通过对太阳黑子200多年的系统观测发现,太阳黑子的变化周期为11年一周。

太阳风暴主要由太阳表面新形成的巨大黑子群所释放出的气体和带电粒子流引起,以高速向地球袭来。

太阳耀斑是太阳表面局部区域突然大规模进行能量释放的过程。耀斑发生时,强烈的辐射覆盖整个电磁波谱,包括 γ 射线、X射线、紫外线、可见光,直到射电波段。同时,电子、质子和重离子等粒子,在太阳大气中被加热和加速。一个大的耀斑发射的能量相当于全世界每个人挨一颗氢弹,这个能量比火山爆发所释放的能量大1000万倍。

50亿岁的太阳

太阳就像一个终日燃烧的巨大火球，那它用什么作为燃料来燃烧呢？1896年，法国著名物理学家贝克勒尔发现了"放射性"，利用放射性可以测定地球的年龄。那么，能否用放射性来测定太阳的年龄呢？

↑ 日出东方

太阳的燃料

由一种原子核变成另一种原子核的过程叫做"核反应"，由此产生的能量就是核能。假如太阳的能量源自某种核反应，那么为了确保它能像现在这样发光，就必须在每一秒钟内将460万吨物质转化为能量。核能是否能在这么长的时间内始终维持太阳的光和热呢？倘若能的话，它的核燃料又是什么呢？

太阳的主要元素是氢和氦，所以也可以说，太阳的能量主要来源于这两种元素，它们是太阳燃料的主要来源。

太阳年龄测定

可以理所当然地认为，太阳的年龄至少有地球那么大，或者说还要老一些。任何数量的铀，都要经历45亿年才会有一半（在释放辐射的过程中）衰变为铅，因此测定一块含铀岩石中有多少铅，就可以推算出组成该岩石的那些铀原子的衰变过程已经持续了多久。由此可知，固态地壳大概已经存在了46亿年。

那么如何测定太阳的年龄呢？科学家设想，如果太阳在一开始时是纯氢的，那么它大约要花200亿年的时间，才能形成目前这么多的氦。但通过天体物理学家证明，太阳在一开始就含有相当数量的氦，由此推算出它的年龄大约为50亿岁。

地球会爆炸吗?

有人说,我们生活的地球终有一天会爆炸,也经常有科幻电影和科幻小说描述地球爆炸的情景。对于这种可怕的论断,你相信吗?科学家对这种论断又有什么说法呢?

← 地球表面的小行星

能够引起地球爆炸的因素

要知道地球会不会爆炸,首先要了解什么因素能引起地球爆炸。

科学家认为,能引起地球爆炸的首要因素是内部因素,即核聚变和核裂变。但是地球的内部结构并不具备这样的条件,因为地球的内部没有足够纯度的放射性元素和足够大的中心压强,而这两者正是促成聚变和裂变的关键因素。

其次是外部因素。要么有巨大天体与地球相撞,要么是受太阳的引力影响,这两个因素都可以用万有引力定律来解释。如彗木相撞、地球潮汐的月季变化,都是这种外部因素所表现的结果。

不过,在科技高度发达的今天,人类有足够的把握把这两种天体现象的发生弄个明白。因此,消除地球爆炸的外部因素也变成了有可能实现的情况。

地球真的会爆炸吗

了解了能够引起地球爆炸的这些因素,就会知道担心地球会爆炸的这种想法是很荒谬的。有的人对地球爆炸的谣言深信不疑,说明其不了解科学知识,愚昧可笑。要知道,有时候天真的想象和荒诞离奇之间只有一线之隔。我们要了解科学,而不是随便相信类似于地球不久将会爆炸的无稽之谈。

实际上,地球是不会爆炸的,在这个美丽的星球上,我们会过得十分开心,我们的生活也会变得更加美好。

地球自转速度减慢的奥秘

大家都知道太阳东升西落是由于地球的自转，但是，可能很少有人知道，地球的自转速度并不是恒久不变的。有研究表明，地球自转的速度一直在减慢。那么，究竟是什么原因造成地球自转速度减慢的呢？

如何知道地球自转速度在减慢

负责测算地球自转速度和精确规定地球时间的国际权威机构——国际地球自转事务中央局，在长期观察和精准测算中发现，地球自转的速度每600年就会减慢半小时，而每1000年中就会多出来大约1小时。截止到2005年12月31日，地球时间比上次统一调整的世界时间慢了1秒钟。因此，该机构要求地球上所有部门将时间延后1秒钟。

地球的航拍照片，其自转速度的减慢带给人类的影响将是巨大的。

地球自转速度减慢的后果

地球自转速度减慢，会给在地球上生活的人们带来不便。

首先，是电力网络的时间统一问题。要知道，全球电力系统的时间都是经过精密计算的，一旦后移，会造成整个系统的不同步，后果将是短时间的电力瘫痪和暂时的崩溃状态。

其次，将给宇航和航空部门带来麻烦。宇宙飞船每秒钟可以运行8千米，这减慢的1秒将导致飞船的运行速度和方式发生巨大变化。不仅是宇宙飞船，航天飞机也同样会因这减慢的、短暂的1秒而受到巨大影响。

当然，受影响的还不止上面提到的这些，证券股市交易也会因为改变的1秒而导致很多涨跌变化；地震勘探预报、地震数据和发生时间等重要工作部门，都会在这延迟的1秒钟之内，发生无法想象的改变。

不过，对于我们普通人来说，1秒钟的减慢或加快的影响就没有那么大了。我们可以细细品味延迟的1秒带给我们的暂时放慢的生活节奏，享受自转减慢带来的时间延长感。

人造卫星飞出地球

千百年来，人类一直向往能插上翅膀，飞出地球，探索宇宙的神奇奥秘。随着1957年苏联人造地球卫星"卫星一号"飞出地球，人类登天的梦想开始一步步变成了现实。

↑ 一颗遨游在地球之外的通讯卫星

卫星怎样才能飞出地球

我们知道，无论把足球踢得多高，它总是要落回地面的，因为地球周围的物体都受到地球引力的作用。因此，人造卫星如果要飞离地球，到地球以外的世界去，就要达到每秒7.9千米的速度脱离地球的引力，绕地球做匀速圆周运动。这个速度叫环绕速度，也叫第一宇宙速度。如果小于这个速度，它就会被地球引力拉回来。如果以每秒11.2千米的速度飞上天，就可以挣脱地球的引力，成为围绕太阳运行的人造行星，或者飞向太阳系的其他星球。每秒11.2千米的速度，是物体能够脱离地球的速度，所以叫脱离速度，也叫第二宇宙速度。当速度大于每秒16.7千米时，就可以飞出太阳系了，这就是第三宇宙速度。

人造卫星如何飞离地球

环绕地球飞行的人造卫星，都是用火箭把它携带到天空中去的。火箭是靠向后喷出的气体产生的反作用力前进的，气体喷出得愈快，火箭前进的速度也就愈快。要达到很高的飞行速度，除了要求有很高的喷气速度外，还需要携带大量的燃料。因此，要达到每秒7.9千米的高速度必须使用多级火箭，就是把两个以上的火箭头接尾、尾接头地衔接在一起。当最末尾那级火箭燃料用完以后，它就会自动脱落下来，接着第二级火箭立即发动；第二级火箭燃料用完后也自动掉下来，接着第三级火箭发动起来……这样就会使装在最后一级火箭上的卫星获得每秒7.9千米以上的速度，从而环绕地球飞行。

解读奥秘世界

月球形成的奥秘

自古以来，人类对月球的好奇就从未停止过。1969年7月16日上午9时32分，美国"土星5号"火箭运载的"阿波罗11号"宇宙飞船登上月球。迄今为止，人类登月已有40余年了，但对月球的形成原因总是有各种猜测与幻想。看来，月球还真是一块难以征服的神秘土地呢！

月球的构成

曾经有一种学说认为，月球和地球一样是从岩石裂变而来的，所以月球的成分和地球的差不多。但是，瑞士科学家最近的研究发现，月球的岩石成分同地球的成分是不一样的，月球的岩石成分是地球岩石成分的同位素，虽然相似但仍属不同。

月球是怎样形成的

有科学家说，地球上的物质经过汽化后形成了月球。这是怎么回事呢？原来他们以为，地球以前和月球是连在一起的，由于地球上的硅镁层和硅铝层之间的摩擦，以及受到太阳潮汐作用的影响，从而使形成月球的物质暴露并分离出去，这才形成了月球。这是月球形成的一种观点。

还有一种说法是地球俘虏了月球。这种观点认为，由于月球的密度质量和运行速度与地球周围的其他小行星相近，所以认为月球原本是围绕太阳旋转的小行星和一些星际物质，因为接近地球而被俘获了。

最后一种说法，地球和月球是同时形成的天体。两者都是由尘埃等宇宙物质凝结而成的天体，而且是同时形成于一个区域内的。因为要形成两个星球需要很长的时间，所以不大可能像第一、第二种理论认为的那样，是由地球上的外壳物质凝聚成的，或者是俘获太空物质形成的。

至于月球究竟是怎样形成的，到目前为止，科学界还在广泛争论。但大多数人倾向于相信最后一种说法，即月球是同地球一样通过凝结宇宙物质形成的。

←月球是地球唯一的天然卫星，是距离我们最近的天体。月球的表面是由平原、山峰和山谷组成的荒漠，还有许多由于太空物体高速撞击而形成的大大小小的陨石坑。

月球是未来的能源供应基地吗？

生活在地球上的我们，期望有一天能在月亮上生活，能够和嫦娥共饮桂花酒，那将是多么美好的一幅景象。而且对于资源日益枯竭的地球来说，如果可以利用月球上的资源，那么将会很大程度地缓解地球能源匮乏的危机。

月球上的宝贝

首先，由于月球表面有一层厚厚的尘埃，那里面蕴藏着丰富的氦-3，它是氦的同素异形体，可以在不产生粒子辐射的条件下发生核反应，比现行的核发电要环保得多。地球上由于氦的储存量不大，所以，目前的热核反应无法应用这一优越的元素，但是月球上的充足资源将大大改变地球的能源危机状况。因此，随着科学的进一步发展，月球将成为地球巨大的氦资源库。

其次，月球上还有丰富的金属元素。月球上的矿藏含量远远超过地球。月球上的矿藏都蕴藏在岩石中，而且种类丰富，仅铁资源就可以让人类受用无穷。另外，地球上的17种常见矿产资源在月球上蕴藏量可观，也是一笔巨大的财富。

当然，月球上的宝贝还不止这些。对人类最重要的水资源，在月球上也是储备丰富。而且提取水的过程简单易行，只要从月球土壤中提取冰类物质，就可以转化成丰富的淡水资源。对于日益缺水的地球和人类来说，这一丰富资源无疑是最具诱惑力的。

↑ 月球表面大量的尘埃

梦想能够实现吗

开发月球资源是人类长期以来的热切期盼，丰富的铁、钛、铝等金属矿产资源，以及氦这样宝贵的核反应物质，还有蕴含在矿石中间的大量固态水资源等，都需要经过精密勘测和大量试验。还有高精度的提取过程，其难度远超过在地球上开发能源的条件。因此，要实现将月球资源为地球所用，还需要人类长期不懈的努力。

逆转的金星

金星在太阳系中的自转方向是自东向西，公转方向却仍是自西向东，所以金星又叫"逆转的金星"。金星的自转周期为243天，比公转周期224.7天还要长。而大多数太阳系的行星的公转和自转方向都是自西向东，自转周期也没有公转周期长。在金星上度过一昼夜，相当于我们在地球上度过117天。

从地球磁极倒转说起

要了解金星逆转问题，首先就要说一说地球。众所周知，地球有两极，但恐怕很少有人知道地球的这两极在历史上曾发生过很多次倒转。

由于地球的内部构造是液态核心，所以每次倒转都会使磁性消失，而且这种磁极倒转现象会持续发生多次。在磁性消失之前先是磁性的减弱，然后才是完全消失。最近一次的磁极倒转发生在78万年前。

金星逆转并不神秘

说了这么多关于地球磁极的知识，实际是为了揭示磁极运动与行星自转的关系。因为这样一个有液态核心的行星，其内部的变化完全可以决定星球的运转方式。也就是说，金星的逆转并非偶然，也不是什么神秘现象，而是其内部核心的一种逐渐自变的过程，导致磁极发生相应的变化。然而金星运转速度缓慢，所以它的逆转就相对使人感到是恒定的。

↑ 逆转的金星

对于金星逆转这一现象的精确解释，还有待于科学理论的进一步发展和研究。

第二个太阳
——木星

后羿射日是一个古老的神话故事,但是,也许在将来的某一天,天上真的有可能会出现两个太阳,这颗新出现的太阳极有可能就是木星。

惹人注目的木星

木星是太阳系中最惹人注目的一颗行星,它是行星八兄弟中的老大——个儿最大。它的亮度仅次于金星,并且具有极光现象,木星也有光环。

木星与其他行星不同,因为它和太阳一样,自身能够放出热量。如果木星质量比现在再大一些,它的内部温度就会增高到足以使其产生热核聚变的程度,它就会转变为另一个太阳。

↑ 木星及其表面独特的大红斑

木星表面的奇特现象

木星表面奇特的现象是明亮的条纹和独一无二的大红斑。这些奇妙的条纹主要是由于包围木星的大气层厚薄不一,在云层特别厚的地方,强烈地反射着太阳光,就显示出金色,中间有少量红色的光芒;而在云层薄的地方,太阳光从中通过,反射回来的光很少,看起来暗淡,这样就构成了木星奇特的条纹现象。

然而在木星的表面,更为显著的是红色、卵形、像眼珠一样的大斑点,这就是木星的显著标志——大红斑。

著名的大红斑是位于木星南纬20°附近的一些细长而又椭圆的斑状云团,是木星上的风暴漩涡。这个风暴漩涡长约50000千米,有4个地球那么宽。

火星的奥秘

解读奥秘世界

为什么八大行星中的一个要用"火"来命名呢？原来，火星运行轨道紧靠地球外侧，发出红色光芒荧荧如火，我国古代称它为荧惑。西方人因为它的红光如血似火，就以战神玛尔斯的名字称呼它。

↑ 地球的兄弟——火星

地球的亲密兄弟

火星在太阳系八大行星中，按离太阳由近及远的次序为第四颗。从大小、形状和自然环境来看，火星都和地球极其相似，因此人们经常把火星称为"地球的亲密兄弟"。

火星与地球的相似性，总会叫人产生很多联想。人们也经常会问，是否在火星上也存在一些生命和文明呢？这种猜想是否有科学依据呢？

不久前，科学家从一张合成电子显微图片中发现，地球上的细菌与火星陨石中的结晶体外观惊人地相似。一个负责研究火星陨石的国际研究小组对一块在南极发现的土豆大小的火星陨石进行分析，发现其中含有以长链状排列的磁铁结晶体。美国航天署有关人员介绍，这种链状结构只能由曾经活着的生物体组成。种种事实都证实了火星上曾经有过生命存在。

有的科学家还进行了更为大胆的设想：认为人类也可能源自火星生命。据称，比地球小并且离太阳更远的火星，早在地球冷却之前，就已经适合生命的存在了。火星先于地球出现生命，所以我们人类的祖先很可能是某种形式的"火星人"。

当然，这些只不过是一个大胆的科学设想，事实到底是什么样的，还需要科学家进一步研究。

被除名的原"九大行星"之一 ——冥王星

> 冥王星在远离太阳 59 亿千米的寒冷太空中蹒跚前行。对它的身份，人们有了新的界定。

奇特的轨道

冥王星在发现之初，曾被认为是一颗位于海王星轨道外的行星，但后来的事实证明并非完全如此。冥王星在近日点附近时，比海王星离太阳还近，这时海王星成了离太阳最远的行星。每隔一段时间，冥王星和海王星会彼此接近，在黄道投影图上两颗星球的轨道交叉。但不必担心它们会碰撞，因为它们的轨道平面并不重合，即使在交叉点附近，它们之间的距离仍然是很大的。它们会像运行于立体交叉公路上的车辆一样，各自飞驰而过。

↑ 被"降级"的冥王星

冥王星的直径

由于冥王星太暗太小，发现后很长时间都不能确定它的大小。最早估计它的直径是 6600 千米，1949 年改为 10000 千米。近年一些天文学家观测指出，冥王星的直径约为 2400 千米，比月球（3475 千米）还小，而它的卫星直径为 1180 千米，与冥王星直径之比是 2∶1，是行星与卫星直径之比最大的。所以，有人说冥王星和它的卫星更像一个双行星系统。

冥王星的身份

1978 年 7 月，美国海军天文台的克里斯蒂在研究观察冥王星的照片时，偶然发现冥王星小小的圆面略有拉长。他把 1970 年以来所有的冥王星照片都找出来，结果发现这一现象是有规律出现的，于是他断定冥王星是一颗卫星。根据 2006 年 8 月 24 日国际天文学联合大会的决议：冥王星被视为是太阳系的"矮行星"，不再被视为"行星"。现在，它已失去了曾有的太阳系九大行星之一的身份。

解读奥秘世界

掠过夜幕的惊鸿
——流星

晴朗无月的夜晚，当你仰视夜空时，经常会看见一道明亮的闪光划破夜空，飞流而逝。它给寂寞的星空带来一丝生气，这就是流星，中国民间常把它称为"贼星"。

← 闪闪发光的火流星

什么是流星

流星是星际空间的尘粒和固体块（流星体）闯入地球大气圈，同大气摩擦燃烧产生的光迹。如果它们在大气中未燃烧尽，落到地面后就称为"陨星"或"陨石"。流星体原本是围绕太阳运动的，但是在经过地球附近时，受地球引力的作用改变轨道，从而进入地球大气圈。

火流星

火流星看上去非常明亮，像条闪闪发光的巨大火龙，发着"沙沙"的响声，有时还有爆炸声。有的火流星甚至在白天也能看到。火流星的出现，是因为它的流星体质量较大，进入地球大气后，来不及在高空燃尽而继续闯入稠密的低层大气，以极高的速度和地球大气剧烈摩擦，产生出耀眼的光亮。火流星消失后，在它穿过的路径上会留下云雾状的长带，称为"流星余迹"。有些余迹会渐渐消失，有的可以存在几秒钟到几分钟，还有的甚至可以持续几十分钟。

流星雨

在各种流星现象中，最美丽、最壮观的要数流星雨现象。当它出现时，千万颗流星像一条条闪闪发光的丝带，从辐射点辐射出来。

流星雨以辐射点所在的星座命名，如仙女座流星雨、狮子座流星雨等。历史上出现过许多次著名的流星雨：天琴座流星雨、宝瓶座流星雨、狮子座流星雨、仙女座流星雨……中国在公元前 687 年就记录到天琴座流星雨，"夜中星陨如雨"，这是世界上最早的关于流星雨的记载。

流星雨的出现是有规律的，它们往往在每年大致相同的日子里重复出现，因此它们又被称为"周期流星"。

夜空中的大"扫帚"——彗星

你见过彗星吗？它有着一条长长的发亮的尾巴，像一把扫帚似的横挂在天空，所以，人们又叫它扫帚星。那么为什么彗星会有一条长长的尾巴？带着这些疑问，我们来认识一下真正的彗星。

长着尾巴的星体

彗星是由一些未挥发的冰块组成的小而脆弱的天体。它的轨道是不对称的椭圆形，这使得它们可以非常接近太阳，也可离太阳十分遥远。彗星的结构多样且不稳定，但所有彗星都裹着一层被称为彗发的挥发性物质，彗发随着彗星逐渐接近太阳而渐渐变大变亮。

太阳系中的彗星比我们想象的要多，估计有1000亿颗。著名的天文学家开普勒说过："彗星在天空里，就像大海里的鱼儿那样多。"不过，绝大多数彗星太暗了，离我们也太远了，我们很难看到它们。

彗星和灾难

古时候，人们认为彗星的出现是灾祸的预兆。还说彗星的尾巴有毒气，如果一颗彗星来到地球附近，彗星带来的毒气就会毒死人。真是这样的吗？请看下面这个故事。

1910年5月，哈雷彗星来了。天文学家计算出来，它的尾巴将在5月18日这天扫过地球。这个消息宣布后，在欧洲一些国家里引起了一片恐慌。神父们宣称"世界末日"要来临了，许多人祈求上帝的宽恕，有的人怕被毒死竟然去自杀。那么，结果怎么样呢？这一天什么事也没有发生，和平常一样平平安安地过去了。当科学家告诉大家，地球已经钻出了彗星尾巴的时候，许多人还不肯相信呢！

到底是怎么回事呢？原来，彗星的尾巴是些气体，拖得很长，最长的竟有上亿千米。彗星尾巴的气体中含有一氧化碳、氰基等有毒的物质。但是，由于彗尾的气体比地球的大气稀薄几亿倍，所以它的毒性是根本不可能影响整个地球的。

闪亮的彗星拖着长长的彗尾，
美丽而充满神秘气息。

居无定所的北极星

处在小熊星座尾部位置上的北极星，其实只能算作二等星，又叫小熊座 α 星。当然，它是该星座中最亮的一颗。我们学习星象知识往往都是先从北极星以及北斗七星开始，但就是这样一颗"居其所，而众星拱之"的北辰，它的位置却并不是恒定不动的。这是为什么呢？

↑ 星空中近似勺形的北斗七星

北极星并不是恒定的

北极星之所以这么重要，是因为地球的自转轴始终指向它。但根据天文学家的精确测算，北极星的位置并不永远是小熊座 α 星，以前曾是天龙座 α 星，以后将是仙王座 γ 星，再往后则是天琴座 α 星，即织女星。这么说来，北极星并不像过去古人说的那样"居其所"，反而应该是居无定所才对。这又一次充分说明了静止是相对的，而运动、变化、发展才是永恒的。

怎样捕捉北极星的影子

好学的人总希望多了解一些未知领域的知识，比如学习星象位置，了解天体变化，因此不少人对北极星产生了非常浓厚的兴趣。

要找到北极星其实并不难，首先要做的是找到北斗七星。因为大家都知道，它们分属于不同星座且关系密切。北斗星属于大熊星座，你可以通过站立的方向和仰视北斗星的斗柄与斗勺的方向来推测出北极星的位置。

当然，目前的科学发展水平，已经远不止用北斗星一种方法来寻找北极星了，但初学星象位置者仍以此法为最优。

北斗星的作用

北斗星除了能给迷失方向的人指出方向外，还可以用来辨别春、夏、秋、冬四季轮回。斗柄分别朝向东、南、西、北四个方向，就分别与春、夏、秋、冬四季吻合。而且科学家也已经测算出，北斗七星的位置排列，从古到今一直都处在变化中。

恒星的生死奥秘

古人仰望星空的时候，总是富有诗意地将天上的星星分为不同的星座。这些星座的星星都是由恒星组成的，那么大家知道什么是恒星吗？它们是如何形成，又是如何演化的呢？

揭秘恒星

恒星是由炽热气体组成的、能自行发光的球状或类球状天体。晴朗无月的夜晚，在适当的地点，一般人用肉眼可以看到3000多颗恒星。借助于望远镜，则可以看到几十万乃至几百万颗。科学家估计，银河系中的恒星有一两千亿颗。

← 揭秘恒星的奥秘

太阳是离地球最近的恒星，其次是半人马座比邻星。

古时候，人们把这些星星叫做恒星，但是恒星真的像它的名字一样，是永恒不动的吗？其实，恒星并非不动，只是因为距离我们实在太远，不借助于特殊工具和特殊方法，很难发现它们在天空上的位置变化，看起来就像是静止不动、恒定的一样，恒星一词也就因此而出现了。

色彩斑斓的恒星

在寂静的夜空中，人们看天上的星星都是闪烁的，除了大小和明暗之外没有区别。事实上是不是这样呢？

当然不是，每颗恒星都有自己独特的颜色。早在中国的汉代，我们充满智慧的祖先就已经把恒星分成白、赤、黄、苍、黑5种颜色。1665年，英国的牛顿利用三棱镜发现了太阳的连续光谱，从而知道日光是由红、橙、黄、绿、蓝、靛、紫等各种不同颜色的光混合而成的。所以，恒星的颜色其实是色彩斑斓的。恒星颜色的不同，表明各自的温度不同，比如白色的温度高，红色的温度就低得多了。

小行星探秘

在太阳系中，除了八大行星以外，在红色的火星和巨大的木星轨道之间，还有成千上万颗肉眼看不见的小天体，沿着椭圆轨道不停地围绕太阳公转。与八大行星相比，它们好像一些微不足道的碎石头。这些小天体就是太阳系中的小行星。

↑ 地球表面的小行星带

小行星和小行星带

大多数小行星的体积都很小，是些形状不规则的石块。最早发现的谷神星、智神星、婚神星和灶神星是小行星中最大的四颗。其中谷神星直径约为1000千米，位居老大，老四婚神星直径约200千米。除去这"四大金刚"外，其余的小行星就更小了，最小的直径还不足1千米。

自从1801年发现第一颗小行星，到20世纪90年代末，登记在册和编了号的小行星已超过8000颗。据估计，小行星的总数应在50万颗左右。它们中的绝大多数分布在火星和木星轨道之间，与太阳的距离约有2.06~3.65个天文单位，这部分区域被称为小行星带。

小行星带形成的原因

有一种叫"爆炸说"的理论认为：小行星带内原先有一颗与地球、火星不相上下的大行星，后来由于某种现在尚不清楚的原因，这颗大行星发生了爆炸，炸裂的碎片就成了现在的小行星。此外，还有所谓的碰撞说等。这些假说都从某些方面假设了小行星带的起源，但又都存在许多问题，难以自圆其说。现在，越来越多的天文学家认为，小行星带中记载着太阳系行星形成初期的信息，小行星带的起源是太阳系起源问题中不可分割的一环。

星团的奥秘

星团是由于物理上的原因聚集在一起,并受引力作用束缚的一群恒星,其成员星的空间密度显著高于周围的星场。星团按形态和成员星的数量等特征分为两类:疏散星团和球状星团。

↑ M13 位于武仙座内,由十多万颗恒星组成,直径大于 150 光年,离我们有两万光年的距离。奇怪的是,它的年龄最少有 120 亿年,但却含有极少量的蓝星(比较年轻的恒星)。科学家们正在努力研究这一罕见的现象。

疏散星团

疏散星团形态不规则,包含十几颗至几千颗恒星,成员星分布得较松散,用望远镜观测,很容易将成员星一颗颗分开。少数疏散星团用肉眼就可以看见,如金牛星座中的昴星团(M45)和毕星团、巨蟹星座中的鬼星团(M44)等。

疏散星团的直径大多数在 3~30 光年范围内。有些疏散星团很年轻,与星云在一起(例如昴星团),有的甚至还在形成恒星。

球状星团

球状星团呈球形或扁球形,与疏散星团相比,它们是紧密的恒星集团。这类星团往往包含几万到几百万颗恒星,成员星的平均质量比太阳略小。用望远镜观测,在星团的中央,恒星非常密集,不能将它们一一分开。

球状星团的直径在 15~300 光年范围内,成员星平均空间密度比太阳附近恒星空间密度约大 50 倍,中心密度则大 1000 倍左右。

球状星团中几乎没有年轻恒星,成员星的年龄一般都在 100 亿年以上,依据推测和观测结果看,还有较多死亡的恒星。

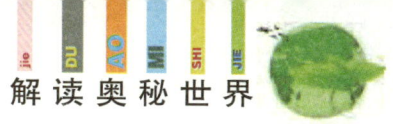

神秘天外客
——陨石

太阳系里一些高速运行的较大流星体或小行星，受大行星的摄动，脱离原轨道而闯入地球大气，与地球大气摩擦而燃烧、爆炸，燃烧未尽的残留部分坠落到地球表面上，这就是陨石。

↑ 巨大的陨石坑，昭示着曾有"天外来客"降临。

陨石和陨石雨

由于陨石在地球大气中运行极快，和大气摩擦产生出一两千度甚至上万度的温度，所以流星体表面熔化和汽化，并发出强光。流星体在高速飞行过程中，后方处于真空状态，前方气体向后压缩，会产生较大的啸声，于是人们听到震耳的轰隆巨响。有的大陨石在下落过程中发生爆裂，分裂成许多小块，一齐飞流直下，宛如暴雨、冰雹一般，人们称之为陨石雨。

陨石坑

陨石着陆冲击地面形成的坑穴叫陨石坑。美国的亚利桑那州温斯洛的大陨石坑，直径达 1240 米，深度达 170 米，是世界上最著名的陨石坑。地质学家认为，它是 25000 年前由一颗直径约 50 米的流星体撞击而形成的。近代由于航空、航天、遥感等高精技术的发展，已发现全球有 130 个大的陨石坑。

臭氧空洞的奥秘

臭氧层是地球的保护伞,但是近些年来,臭氧层不断受到破坏,对地球上的生物产生了很大的影响。

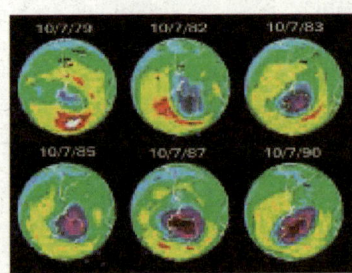
↑ 南极上空臭氧空洞的变化

↑ 南极上空的臭氧空洞进一步扩大,其面积已相当于4个澳洲的面积。

地球的保护伞

臭氧是由氧分子在太阳紫外线辐射和闪电作用下,部分分解的氧原子与氧分子结合而成的。1913年法国物理学家法布里发现,在低层(20千米高度以下)大气中由于缺少氧原子,生成臭氧的机会就少;在20~27千米高度,由于太阳辐射增强,氧分子在紫外线辐射作用下发生分解,使氧原子增加,导致氧原子和氧分子结合而成臭氧的机会增多,使这一层形成臭氧含量最大值,即臭氧层。

臭氧层的作用是吸收波长短于0.29微米的紫外线,使大气温度增高,并使地球上的生物免受过多紫外线的伤害,因此被称之为"地球上生物的保护伞"。

臭氧空洞威胁着人类的生存

1985年科学家发现,南极上空大范围的臭氧层遭到破坏。目前,南极臭氧层空洞面积已超过了北美大陆的面积。臭氧层空洞威胁人类生存,经科学家研究:大气中的臭氧每减少1%,照射到地面的紫外线就增加2%,人的皮肤癌发生率就增加3%,人类还会受到白内障、免疫系统缺陷和发育停滞等疾病的袭击。若臭氧层全部遭到破坏,太阳紫外线就会杀死所有陆地生命,人类也将遭到"灭顶之灾",地球将会成为没有任何生命的不毛之地。

第 **2** 章

自然，如此神奇

古人云：上知天文，下知地理。
不仅浩瀚的宇宙有着无数的奥秘，
我们所熟悉的自然界同样也有着许许多多的奥秘，
这一切让我们惊奇，也让我们痴迷。
随着科学的发展，许多的地理奥秘
都有了合理的解释，
从辽阔的海洋到光怪陆离的湖泊，
从奇异的石块到臭氧空洞，等等。
然而，旧的奥秘解开了，
新的奥秘又接踵而来。
因此，科学的探索是永无穷尽的。
本章讲述了神秘莫测的次声波杀人之谜、
千奇百怪的石头以及各种神奇的地理现象等。
从中，我们可以了解到许多有关我们
美丽家园——地球的知识。

令人困惑的地中海

地中海位于欧、亚、非三大洲陆地海岸的环抱之中,它是世界上最深、最大的陆间海。但是你知道吗,地中海过去曾是一个比现在大数百倍的喇叭形巨洋,甚至古地中海的海水还曾经流经过中国呢!

地中海里的水流到了何处

大约在2.8亿年前,地球上的海陆分布格局与今天完全不同。那时,在冈瓦纳古陆的北部与欧亚古陆的南部,是一片规模巨大的古海洋——古地中海,地质学家也称它为"特提斯海"。当时的古地中海面积非常大,不仅覆盖了整个中东以及今天的印度次大陆,就连中国大陆和中亚地区,也几乎全被古地中海浸没。

但是大约2.5亿年前,冈瓦纳古陆开始向北漂移。到2亿年前,冈瓦纳古陆开始与欧亚大陆相撞,逐渐使古地中海封闭。古地中海从中国大陆主体退出,可能发生在1.8亿年前;而古地中海从西藏北部、东部和云南西部完全退出,可能发生在1亿年前。

神秘的地中海

地中海完全封闭之后,成为一潭死水。由于气候炎热,风急沙多,降雨少,蒸发量大,地中海逐年缩小。大约在距今600万年前,古地中海干枯了,留下了个比大西洋海平面低3000米的沙漠盆地。

古地中海的变化真正体现了沧海桑田这个成语的含义。

 不死的死海

> 死海这个名字听起来很恐怖，它会使人联想到许多恐怖的事情。但事实不是这样的，死海其实是世界上最咸的咸水湖。在死海里，我们能看到的除了一望无垠的水面，几乎找不到其他有生命的东西。那么，到底是什么原因使死海变得如此寂静呢？

← 在死海上，人们可以悠然地漂浮在海面上，尽情地享受温和的日光浴。

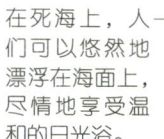 "上帝的赦免令"

关于死海，还有一个家喻户晓的故事呢。

古时候，国与国之间经常发生战争，然后各国把俘虏来的身体强壮的士兵留下作为奴隶，身体差的士兵处死。

有一次，一位将军准备把要处死的俘虏扔到死海里淹死。那些俘虏被扔进死海后，奇怪的事情发生了，那些人总是浮在水面上，就是不沉入水里。这位将军很生气，把他们都绑上大石头，然后再往水里扔。被绑上石头的俘虏心想，这下死定了。但是，结果令所有的人都没有想到，那些俘虏仍然浮在水面上，没有被淹死。那位将军认为是上帝不让俘虏死，所以就决定放了他们。后来人们才知道，那根本不是上帝的"旨意"，而是因为死海里的盐分含量相当大，所以人被扔进去后，总是浮在水面上，而不会沉到水里。

寂静的死海

死海位于亚洲西部，巴勒斯坦和约旦交界处。死海水面海拔为－400米，是世界陆地的最低点。

死海中含有很多矿物质，水分不断蒸发，矿物质沉淀下来，经年累月而成为今天含盐量最高的咸水湖。死海的形成是由于流入死海的河水不断蒸发、矿物质大量下沉的自然条件造成的。也正是这个原因，使死海成了罕有生物的荒海。

会"长大"的红海

1978年11月14日，北美的阿尔杜卡巴火山突然喷发，而红海在短短的7天中竟然又扩大了1米。这到底是怎么回事呢？

奇特的红海

红海很奇特，它不仅在缓慢地扩张着，而且有几处水温特别高，竟然高达50多摄氏度；红海海底还蕴藏着特别丰富的高品质金属矿床。这些现象长期以来引起了地质学家们的极大兴趣，但是这些现象一直也没有得到科学的解释，因此，科学家把它们称为红海之谜。

↑ 引起科学家们极大兴趣的红海海域

红海扩张的原因

在20世纪60年代，海洋地质学家对红海扩张的原因做了一个较科学的解释。他们说红海海底有着一系列"热洞"，正是这些"热洞"导致红海不断向两边扩张。

科学家们说，其实在大洋底部一样有高山深谷，起伏不平。从大洋洋底地形图上我们可以看到，有一条长75000多千米、宽960千米以上的巨大山系纵贯全球大洋，这条海底山系被科学家称为"大洋中脊"。

其实，海底扩张就像两端拉长的一块软糖，那个被越拉越薄的地方成了中间低洼区，最后破裂，而岩浆就从这里喷出，并从海底向两边推开。海底就这样慢慢地扩张着。根据美国"双子星"号宇宙飞船测量，我们已经知道了，红海的扩张速度是每年2厘米。所以说，红海扩张是由地下喷出的岩浆导致的。

次声波"杀人"之谜

1910年,在火地岛海岸,一艘名叫"马尔波罗"号的帆船,在神秘失踪20年后被重新发现。奇怪的是,船员们仍像在当年航海的途中一样,保持着各自的姿势,船上的一切都完好如初。经过科学家的反复调查,最终谜底揭晓:次声波是造成这桩惨案的真正"凶手"。

为什么次声波能置人于死地

次声波是一种每秒钟振动数很少,波长很长,传播距离远,穿透力很强的声波。其频率一般均在20赫兹以下。频率低于1赫兹的次声波,可以传到几千以至上万千米以外的地方。它不仅可以穿透大气、海水、土壤,而且还能穿透坚固的钢筋水泥构成的建筑物,甚至连坦克、军舰、潜艇和飞机都不在话下。

人体内脏固有的振动频率和次生波频率相近似(0.01~20赫兹)。当两者的振动频率相似或相同的时候,会引起人体内脏的"共振",产生头晕、烦躁、耳鸣、恶心等一系列症状。严重者,心脏及其他内脏剧烈抖动、狂跳,血管破裂,导致人体内脏受损而丧命。

↑ 应用次声波能够快速准确地测定失事飞机和船只等的位置。

次声波的应用

次声波极强的穿透力是一把双刃剑。一方面,国际海难救助组织建立"次声波定位站",利用次声波监测海潮洋面,对失事的船只和飞机的方位能够进行快速测定,进行救助。另一方面,次声波能够"杀人"的特性被应用于次声波武器和次声波炸弹的研制当中。未来的次声波武器将以主动式次声波武器和被动式次声波武器为主导。如何合理利用次声波的特点为人类服务,应当是科学研究所选择的方向。

海鸣是怎么回事

大自然无奇不有，除了动物会鸣叫外，神秘莫测的大海也会鸣叫，即海鸣。海鸣就是海洋发出的鸣响。惊涛拍岸的轰响、地震和火山引起的喧啸以及鱼类和其他海洋生物发出的声音都属于海鸣。

硇洲岛上的神奇声音

在我国广东省湛江硇洲岛的东南海面，每当风云突变，天气异常，风暴即将到来时，海面上就会发出一阵阵有节奏的声响。这声音好似闷雷滚动，一高一低，错落有致。人们把这个声音称为海鸣。

那么，为什么只有这里的大海会鸣响呢？据当地老人说，在很久以前建造硇洲岛国际灯塔的时候，法国人把一个大水鼓沉放在水中，水鼓相当于海况探测报警器，专门预报海上天气，它能随时向人们发出风浪异变的信息，这鸣鸣的声音就是它发出来的。可是，谁也没看见过沉放在水中的水鼓，更不知道它被放置在什么地方。

↑ 海猪，别名江猪、江豚，属于鼠海豚科动物，产于我国的渤海、黄海、东海、南海入海口及长江中下游地区，是我国的二级保护动物。

海猪造声说

当海鸣的原因困扰着人类的时候，有人提出了海猪造声的说法。

1969年，有人曾在这片海域发现过一群海猪正在游动。于是，当地人就认为，海鸣有可能是海猪的嚎叫声，但在没有海猪活动的地方也有海鸣现象产生，表明这种说法可能是错误的。

1976年，硇洲岛东南海上的海鸣声比以往减弱了。持"海猪说"的人则认为，这是由于近年来，人们在这一带海域的活动明显增加，影响了海猪的正常活动和生活，使海猪迁移异地的结果。

硇洲岛东南海面上的海鸣起因至今仍无定论，这个奥秘有待于进一步探索。

解读奥秘世界

奇异的平顶海山

太平洋的中部与西部以及大西洋和印度洋等海域，有一座座奇异的海山，它们的顶部像被截掉一样，都是平坦的，因此被称为"平顶海山"。

↑ 造礁珊瑚生存在最大水深 50 米的浅海

🌀 火山灰填平

一些科学家从平顶海山的顶部打捞到圆形的玄武岩块，它们是火山弹的原有形状。因此有人认为，它们可能是一座座海底火山，顶部是火山口，被火山灰等物质填平了，所以呈现为平顶。

🌀 风浪削平

有些科学家不同意以上看法，他们认为是风浪削平的结果。

他们的根据是，平顶海山顶部过去有过珊瑚礁发育。造礁珊瑚要求生活在有光照的水体里，因而其生存最大水深在 50 米左右。可见，曾有一段时间，海山顶部的水深不超过 50 米。由于此时海山顶部离海面近，风浪就有可能将其削平，并在其上发育造礁珊瑚。

以后，海底山下沉，沉到水深 400 米以下的地方，所以平顶山上就残留着以前发育的造礁珊瑚和其他喜礁生物痕迹。

而有些美国学者说，海底山不一定发生过上升或下降，而是在冰川时期，海平面大幅度下降，使海底山顶部露出海面被风浪削平。但海平面能否下降几百米乃至 2000 米，目前还没有可靠证据。况且，有的平顶海山顶部宽达 40～55 千米，说它被风浪削平，似乎令人难以置信。

奇特的海底温泉

近年来,由于深潜器的发展,人们惊奇地发现,原来海底也有温泉。海底温泉完全不同于地面的温泉,它有自己的独特之处。

"火山学家"号的探险

苏联科学院火山学研究所的科研人员,乘坐"火山学家"号科学考察船在鄂霍次克海内进行了数年考察,重点考察海域在千岛群岛一带。他们对海水成分进行了深入的化验分析研究,特别是研究了海底火山区,看看海底温泉对海水成分究竟会造成什么影响。

"火山学家"号科学考察船在靠近海湾时,发现了6处海底温泉,水温相差悬殊,最低的一处只有17℃,最高的一处水温达95℃,其余几处水温在45℃左右。由于存在着海底温泉,使东海岸大片海域的水温平均升高了1℃。对海水进行化验分析显示,海水成分中的矿物质含量增多,海水中钙盐、钠盐和钾盐的浓度均明显高于平均值,而且海水中还含有大量溶解的各种气体。距海底温泉较远处的海水变化甚少,说明影响极小,海水温度也没有差别。

喷涌的水柱

海底温泉喷出来的水柱是一种奇观,它并不像大家想象的那样是和周围的海水混合在一起的,而是形成直达海面的巨型水柱。例如,"火山学家"号科学考察船在鄂霍次克海距巴拉穆什尔岛西面20千米处发现了一处海底大温泉,从500米深的海底升起来一个巨大水柱,用回声探测器就可测到这个大"障碍物"。大水柱内的密度和周围海水明显不同,可是温度差别不大,只相差半度左右,说明高温水柱在上升过程中温度散失很快,但水柱内的化学成分却可保持相对稳定,直至海面。

拍摄的气体液热照片显示,在海水表层也能清楚地区分两种不同海水的界线。

↑ 海底考察工作

地球上最大的"伤疤"

是断涧,却又壮阔宽广;是深渊,同时又绵延不断,这就是被称为"地球上最大的伤疤"的东非大裂谷。这条长度相当于地球周长1/6的大裂谷气势宏伟,景色壮观,古往今来不知迷住了多少人。

热带好风光

亲临东非大裂谷,你会看到裂谷两侧断壁悬崖,山峦起伏,犹如高耸的两垛墙;裂谷底部松柏叠翠、深不可测。

这一带的气候温和凉爽,雨量充沛,山清水秀,物产丰富。非洲大部分湖泊都集中在这里,大大小小约有30个。这些湖泊呈长条状展开,水色湛蓝,辽阔浩

↑ 东非高原上的一大美景——东非大裂谷

荡,千变万化,顺裂谷带形成串珠状,成为东非高原上的一大美景。湖区水量丰富,湖滨土地肥沃,植被茂盛,野生动物众多,大象、河马、非洲狮、犀牛、羚羊、狐狼、红鹤、秃鹫等都在这里栖息。远处,茂密的原始森林覆盖着连绵的群峰,山坡上长满了盛开的紫红色鲜花。山水之间,白云飘荡。裂谷底部,林木葱茏,生机盎然。

大裂谷的形成

地质学家们考察研究认为,东非大裂谷的形成是3000万年以前,由于强烈的地壳断裂运动同阿拉伯古陆块相分离的大陆漂移,使得这一地区整个区域出现抬升现象,地壳下面的地幔物质上升分流,产生巨大的张力。正是在这种张力的作用之下,地壳发生大断裂。由于抬升运动不断进行,地壳的断裂不断产生,地下熔岩不断涌出,渐渐形成了高大的熔岩高原。高原上的火山则变成众多的山峰,而断裂的下陷地带则成为大裂谷的谷底。

考古学家发现,早在350万年以前,大裂谷地区已经出现能够直立行走的人。东非大裂谷地区的一系列考古发现证明,昔日被西方殖民主义者说成"野蛮、贫穷、落后"的非洲,实际上是人类文明的摇篮之一,是一块拥有光辉灿烂历史的土地。

巴林杰陨石坑的奥秘

人们一直认为巴林杰陨石坑是死火山口,直到1903年美国采矿工程师巴林杰才提出,这个方圆4100英尺、深度为570英尺的坑,不是死火山口,而是一个陨石坑,是大约5万年前流星撞击地球而形成的陨石坑。

← 地球的伤痕——巴林杰陨石坑

🌑 巴林杰陨石坑之谜

据科学家估计,物体从高空落下撞击地面时的速度应该为每秒钟15~20千米。在这样高速的撞击下,本应该出现熔化了的岩石痕迹,但是,令科学家长期不能解释的是,陨石坑周围一直找不到足够的痕迹,因此,巴林杰陨石坑成为了学术界一个难解的谜题。

🌑 教授揭开陨石坑之谜

美国教授杰伊·梅洛诗和英国教授加雷思·科林斯用数学模型对巴林杰陨石坑形成过程进行了计算。他们发现,首先是一颗初始重量为30万吨、直径为40米的岩石进入地球大气层,在14千米高度,该岩石的一半粉碎为碎片,而另一半保持完整。在5千米高度,所形成的碎片成了一个直径为200米的岩石碎片云,形状如同一块大烙饼。最后,没有粉碎的那一半以大约每秒钟12千米的速度坠入地面,爆发的威力相当于2.5吨TNT的大爆炸,形成了陨石坑。

他们发现的重要结果就是,这个每秒钟12千米的碰撞速度固然不慢,但却不足以导致岩石熔化。这样,人们在巴林杰陨石坑周围很难发现岩石熔化的痕迹也就不足为怪了。

因此,这个困扰科学家多年的亚利桑那州巴林杰陨石坑形成之谜,最终有了一个比较合理的解释。

解读奥秘世界

火山口湖的奥秘

土著美洲人有一个传说：地球之神拔起一座山，把它扔向自己的敌人——地狱之神拉奥。山峰落到了地上，把拉奥永远封禁在地底下，但同时也形成了一个巨大的空洞。最终，空洞充满水后成了湖泊，这就是火山口湖。他们相信，直视火山口湖会带来厄运。现代科学的发展让我们知道神话当然不会是现实，那么现实中火山口湖到底是怎样形成的呢？

↑ 火山口湖——天池

火山口湖探幽

在风化和流水侵蚀作用下，火山口逐渐扩大，积水而成的火山口湖是美国最深的湖泊，它位于美国西北部喀斯喀特山脉南段。轮廓近似圆形，长9.5千米左右，宽8~9.5千米，深589米，是美洲大陆第二深湖（仅次于加拿大的大奴湖）和世界第七深湖。水温从不升至13℃以上，已知的湖泊冰冻也只发生过一次。该湖无出入口，全靠降水补给，湖面变动很小。由于湖水非常清澈，湖泊总是呈深蓝色。湖区松、杉林茂密，夏季野花盛开，空气清新，景色深幽。湖周围被高约150~600米的熔岩峭壁环绕，火山岩屑经长期风化后形状奇特，色彩各异。1902年辟为国家公园。

火山口湖的形成

大约7000年以前，美国俄勒冈州的梅扎马山曾是一座火山，山坡的冰川达300米厚，190千米长。

更新世晚期，一次巨大的火山喷发炸掉的山顶大约有1000米。高山体的其余部分崩塌后形成巨大的空洞，溶岩和火山灰从这里喷发而出。随后水填充了空洞，形成了所谓的"破火山口"或火山口湖。

现在，一座名为维扎特岛的新火山锥开始在湖中形成。一堆熔岩碎屑被称作"鬼魂船"，因为它仿佛鬼魂幽灵一般航行于湖面上。

南北极最瑰丽的景色

极光是令人神往的自然奇观。人们知道极光至少已有2000年了，极光一直是许多神话的主题。在中世纪早期，斯堪的纳维亚的海盗相信，极光是骑马奔驰越过天空的勇士。在北极地区，因纽特人认为，极光是神灵为了替最近死去的人照亮归天之路而创造出来的。

神奇美妙的极光

极光有时被称为北极光或南极光，它是南极和北极最为瑰丽的景色。虽然极光平常难得一见，但在南北极的高纬度地区，漫长的极夜或极昼时，常会出现鲜艳的极光。

↓ 梦幻般的北极光

极光出现时，时而像高耸在头顶上的美丽的圆柱，突然又会变成一幅拉开的帐幕，然后又迅速卷成螺旋的条带；有时，就像传说中天女手中漫舞的长长的彩色飘带；有时变化迅猛速，形状转瞬即逝，有时又像天边一缕淡淡的烟霭，久久不动；有时似漫天光箭从天而降，似乎举手可触，有时又像原子弹爆炸后的蘑菇云腾空而起，令人望而生畏。

极光产生的原因

人们通常认为极光是来自太阳的微小高能粒子，在地球磁场受阻后偏向的结果。太阳每11年左右有一个非常活动期，会发出大量高能粒子进入宇宙空间。此时出现的极光最为瑰丽壮观。

为什么极光在地球的南、北极地区频繁出现呢？因为，地球本身就像一个巨大的磁石，它两端的磁极也就是地球磁场的磁南极、磁北极分别在南、北极地区。当太阳放射出来的大量带电微粒射向地球时，受到地球南、北磁极的吸引，纷纷向南、北极地区涌入，所以，极光就集中出现于南、北极地区了。

 亚马孙雨林

> 提起亚马孙雨林，大家首先就会把它和探险等联系在一起。作为地球上最大的热带雨林带，亚马孙雨林蕴含着超级丰富的动植物资源。下面让我们来揭开亚马孙雨林的面纱吧。

恐怖的亚马孙白蚁

亚马孙雨林动植物物种丰富，其中也包括一些很恐怖的动植物，白蚁就是其中的一种。白蚁亦称虫尉，口器为典型的咀嚼式，触角念珠状。有长翅、短翅和无翅型。

白蚁虽然不咬人，但却是极令人讨厌的不速之客！白蚁通常生活在热带地区，也有一些种类生活在温带地区。它们以木材为食，没有一种木料能逃过白蚁的侵袭。它们会取食电线杆、家具、梁柱及书籍，尤其是建筑在郊区的房子，更容易受到白蚁的破坏。它们甚至连砖、混凝土和塑料都啃得动呢！

神奇的"地球之肺"

亚马孙雨林对于全世界环境以及生存在世界上的一切生物的健康都是至关重要的。亚马孙雨林出现在热带，靠近赤道，丰富的雨量使森林生长得特别茂盛。亚马孙雨林是世界上最大的雨林，其面积比欧洲还要大，有700万平方千米。它从安第斯山脉低坡延伸到巴西的大西洋海岸。

树木产生氧气，氧气是人类及所有动物的生命所必需的。广阔的面积使亚马孙雨林成为地球上氧气的主要产地，曾有人将亚马孙雨林比作"地球之肺"。地球上1/3的氧气是由这里产生的，然而很多人并不知道爱护它。

亚马孙雨林的灾难史开始于16世纪。随着人口的不断增长，为了糊口，人类开始毫无节制地开发大森林。最新的卫星图像分析结果表明，人类对雨林的采伐力度正以40%的速度猛增，亚马孙雨林的面积正在迅速萎缩。

陆地的背面为什么是海洋

非洲大陆的背后是中太平洋，亚欧大陆的背后是南太平洋，北美洲大陆的背后是印度洋，南美洲大陆的背后是西太平洋，澳大利亚大陆的背后是大西洋，南极大陆的背后则是北冰洋。为什么陆地的背面总是海洋呢？对这种现象，我们有两种解释。

← 从世界地图上可以看出，陆地的背面正是海洋。

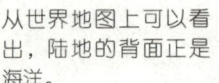 地球收缩说

地球收缩说是在大陆漂移说形成之前提出的。地球收缩说认为，原来的地球表面是高温炽热的，整体就像一个水分充足的苹果。后来，逐渐冷却，大部分物体在冷却过程中自行收缩。地球内部物质冷却收缩后，地球外表开始冷却收缩形成皱痕，就像水分充足的苹果在失去水分之后产生的皱痕一样，形成现在的模样，喜马拉雅山脉就是这样形成的。当然，具体的形成过程要比想象的复杂得多。

"地球四面体"假说

有人在地球收缩说的基础上，提出了"地球四面体"的假说，来解释海洋和大陆这种奇怪的现象。他们找了一个充满气体的软皮球当作假想地球，然后将皮球中的空气放掉，使皮球逐渐变扁。结果，皮球的表面在收缩以后产生了凹陷，这种凹陷被称为四面体凹陷。

于是人们推断，这四面体的4个面就好比是太平洋、印度洋、北冰洋和大西洋，而4个面的交点处形成的4个顶点则好比是我们所指的大陆：欧亚大陆、非洲大陆、美洲大陆和南极澳大利亚大陆。

这种地球四面体的假说，只是由地球的表面现象的简单推测而成。地球冷缩时所具备的具体条件远比这要复杂得多，所以它现在还只是假说，未能得到普遍承认。

浩瀚海水从何而来

广阔无垠的海洋储存了地球表面约97%的水，水使地球上的生命得以繁衍生息。而在地球近邻中，金星、水星、火星和月球都是贫水的。地球上这么多的海水从哪里来的，以前一直是个谜，直到现在，科学家们还是持有不同的观点。

海水是地球固有的

一种观点认为，海水是地球固有的。当地球从原始太阳星云中凝聚出来时，这些水便以结构水、结晶水等形式存在于矿物和岩石中。以后，随着地球的不断演化，轻重物质的分异，它们便逐渐从矿物和岩石中释放出来，成为海水的来源。

海水是彗星带来的

有些科学家则持反对意见，他们认为，地球上至少大部分的水不是地球固有的，而是由撞入地球的彗星带来的。因为从人造卫星发回的数千张地球大气紫外线辐射照片中可以发现，在圆盘状的地球图像上总有一些小斑点，每个小斑点存在两三分钟，面积2000平方千米。

科学家们认为，这些斑点是一些由冰块组成的小彗星冲入地球大气层造成的，是这种陨冰因摩擦生热转化为水蒸气的结果。据估算，每分钟约有20颗小彗星进入地球，若其平均直径为10米，则每分钟就有1000立方米水进入地球，一年可达0.5立方千米左右。照此说来，自地球形成至今的46亿年中，应已有23亿立方千米的彗星水进入了地球。但是这个数字显然大大超过现有的海水总量，因此这种观点还有待进一步验证。

无色透明的海水为何呈蓝色

晴朗的夏日,面对烟波浩渺的大海,蔚蓝色的海面辉映着蔚蓝色的天穹,极目远眺,水天一色,极为壮观。而事实上,海洋水和普通水都是无色透明的。那为什么我们看见的海水呈蓝色呢?

海水是怎样变成蓝色或绿色的

日光投射到海面上,除一部分被反射外,其余的都将进入海中。海水具有选择吸收性,它主要吸收了波长较长的光。蓝光和绿光波长短,所以它们回散射的机会也就最大。因此,海水看上去就会呈现蓝色或者绿色。

另外,海水中的悬浮颗粒对波长较短的蓝光与绿光吸收较多,而对其他光的散射则与光的波长无关。因此,混浊程度不同,海水颜色也不同。近岸的海水悬浮颗粒多,而且颗粒也大,所以,从远海到近岸水域,海水颜色依次由深蓝逐渐变浅。在含沙量较多的河口附近,海水中会有大量陆地植物分解产生的浅黄色物质,因此,海水看上去为淡绿色。所以说,海水天生不是蓝色或绿色的,它的颜色只是光反射的结果。

回散射

原来,海水颜色形成的原因是海水对光线的吸收、反射和散射的缘故。人眼能看见的七种可见光,其波长是不同的,它们被海水吸收、反射和散射程度也不相同。其中波长较长的红光、橙光、黄光,穿透能力较强,最容易被水分子吸收。由于人的眼睛对海水反射的紫色很不敏感,因此往往视而不见,相反地对蓝绿光都比较敏感。这样,少量的蓝绿光就会使海水呈现湛蓝或碧绿的颜色。

海盐来自何方

如果我们喝一口海水,就会感到又苦又咸,再口渴也只能望洋兴叹,这是因为海水中含有一定的盐分。然而与之相连的江河水却都是淡水。这是为什么?海盐是从哪里来的呢?

盐是海洋中的原生物

有科学理论认为,在地球刚刚形成时,由于大量降雨和火山爆发,火山喷发出来的大量水蒸气和岩浆里的盐分随着流水汇集成最初的海洋,海水就变得咸了。不过,那时的海水并没有现在这样咸。后来,随着海底岩石可溶性盐类不断溶解,加上海底不断有火山喷发出盐分,海水才逐渐变咸。

海盐主要来自陆地河流的输入

有一部分科学家说,实际上,原始的海水并非一开始就充满了盐分,最初它和江河水一样也是淡水。

但是,由于水在不停地循环运动,每年海洋表面有大量水分蒸发,其中部分水分通过大气运动,输送到陆地上空,然后形成降水再落到地面上,冲刷土壤,破坏岩石,把陆地上的可溶性物质(大部分是各种盐类)带到江河之中,江河百川又回归大海。这样,每年大约有30亿吨的盐分被带进海洋,海洋便成了一切溶解盐类的收容所。

而在海水的蒸发中,收入的盐类又不能随水蒸气升空,只得滞留在海洋之内。如此周而复始,海洋中的盐类物质越积越多,海水也就变得越来越咸。虽然这是一个极为缓慢的过程,但是经过数亿年甚至更久的岁月,海洋中积累的盐分就非常可观了。

千奇百怪的石头

世界上有许多奇怪的现象，即使是没有生命的石头也会给我们带来神秘的礼物。究竟有哪些奇怪的石头呢？在我国，被称为巧石、怪石天然陈列馆的黄山有怎样的景致呢？产生的原因又是什么呢？

↑ 澳大利亚神秘的波浪岩

世界范围内的"怪石"

在俄罗斯，有一块直径近1.5米、重达数吨的蓝色石头，300年来不断地到处移动。在美国内华达山脉东边的"死亡谷"中，许多石头都可以自由"走路"。

印度西部的一座神庙前，有两块各重90千克左右的"圣石"随着人们的喊声弹跳起来，最高可升到约2米的高度。日本有一种石头，不论昆虫还是飞鸟，只要接触到这种石头便会死亡，所以被称为"杀生石"。西班牙有一块"哭泣"的岩石，每当晴天的傍晚，它就会发出女人低声饮泣的声音，时间可持续一两分钟。在中美洲中部的一些地方，卵形的石块一夜之间便会出现神秘的纹圈，而这些纹圈经太阳晒过到下午就会全部消失。这些奇怪的石头产生的原因都无从解释。

黄山的"怪石"

相比之下，我国黄山的怪石虽然怪，但只是形态的别致，其形成原因也没有上述那些奇怪的石头那样神秘。黄山地区为花岗岩体，由于长期受到内外因素的作用，岩体垂直断裂，长期崩落风化。大规模处，形成了众多的陡峭群峰；规模较小处，花岗岩岩体被风化成石柱、石林，而沿立方体或长方体节理风化形成浑圆或带有棱角的"石蛋"。这些石峰、石柱、石蛋，因岩体和风化条件的差异又导致形态各异、千奇百怪的"怪石"的形成。这些"怪石"最终形成了黄山最为奇特的自然景观。

有趣的响石

浙江湖州有一个黄龙洞，里面倒挂着很多如乐器似的能发出悦耳动听的声音的石头，它们就是闻名天下的"响石"。

响石之谜

如果用力敲击黄龙洞中的石头，就如拨动琴弦，不同的打法会发出不同的音响。假如音乐家有节奏地敲打它们，还可以演奏一曲动听的"响石乐"。

↑ 石头也会"唱歌"

石头能当乐器使，这到底是怎么回事呢？

由于黄龙洞是由石灰岩组成的，时间一久，石灰岩被含有二氧化碳的流水所溶解，渐渐形成了溶洞。而溶洞靠近古太湖，古太湖的湖水升降十分频繁，石灰岩逐渐被冲刷溶解。久而久之，石灰岩成为中空状，而且形式各种各样。它们还有一个共同点，就是比较扁而薄，因此，只要受到震动，就能发出各种清脆的音响，萦绕在耳边了。这就是响石之谜。

全国最大的响石带

位于四川省的铁瓦寺山以前并不出名。2003年，村民廖顶富在一次耕田时偶然挖到一块石头。他想把石头扔远点，却突然发现石头内居然有响动。他把石头拿到耳边一摇，石内传来"叮叮咚咚"的悦耳撞击声。廖顶富叫来家人，在自家田地附近挖掘，居然又掘出数十块响石。附近村民闻讯，也开始在田里深挖，随后，著名地质专家朱顺知率科考队来到当地，经考察发现，铁瓦寺山蕴藏着极为丰富的响石资源，规模和密集度堪称全国之最。

极昼极夜的奥秘

北极和南极都有极昼和极夜之分,一年内大约连续6个月是白昼,6个月是黑夜。极昼与极夜是两极的奇观之一,它使人们对这块神秘的土地产生了更丰富的遐想。

极昼极夜奇观

所谓极昼,就是太阳永不落下,天空总是亮的;而极夜,就是与极昼相反,太阳总不出来,天空总是黑的。

极昼的景色十分奇妙。由于每天24小时都是白天,所以在极昼的日子里,街上的路灯都是通夜不亮的,汽车前的照明灯也暂时失去了作用。家家户户的窗户上都低垂着深色的窗帷,用来遮挡外面的光线。

可是,当极夜到来的时候,又是另一番景象了。白天也要开着电灯,只有中午略有光亮,星星也一直在黑漆漆的天空中闪烁。

↑ 北极美景

极昼和极夜的这种自然现象,在地球的两极都会出现。南、北极这种神奇的自然现象是其他大洲所没有的。

极昼极夜的形成

由于地球在沿椭圆形轨道绕太阳公转时,还绕着自身的倾斜地轴旋转。地球在自转时,地轴与其垂线形成一个约23.5°的倾斜角,因而,地球在公转时,有6个月时间两极之中总有一极朝着太阳,全是白天;另一极背向太阳,全是黑夜。

昼夜交替出现的时间,是随着纬度的升高而改变的,纬度越高,极昼和极夜的时间就越长。在南北纬90°区域,即南北极点上,昼夜交替的时间各为半年。也就是说,那里白天黑夜交替的时间是整整一年,一年中有半年是连续白天,半年是连续黑夜,那里的一天相当于其他大陆的一年。

火山爆发之谜

火山爆发和地壳运动是星球有生命的一种表现。目前，在浩瀚的银河系中还只发现地球和木星的卫星（木卫1号）有这种大规模的火山和地壳运动。在地球上，每年大约有50次规模不等的火山爆发。

火山真的会喷火吗

火山并不是能喷出"火"的山，火山爆发时，喷出的是一种高温黏稠的物质——岩浆。由于火山形成是在地表下面，越深的地方温度就越高，大约在20英里深处，温度之高足以熔化大部分岩石，地球内部就充满着这种岩石熔化后的炽热岩浆。又因为岩石熔化时会膨胀占据更多更大的空间，于是岩浆便沿着隆起造成的裂缝上升。在极大的压力下，岩浆便会从薄弱的地方冲破地壳，猛烈地冲出地面，景象异常壮观。

火山爆发的利与弊

火山爆发时，轰鸣声惊天动地，石块飞腾翻滚，炽热无比的岩浆就像条条凶残无比的火龙，从地下喷涌而出，吞噬着周围的一切。霎时间，方圆几十里的地方就都笼罩在一片浓烟迷雾之中，瞬间可以吞掉整个城镇和村庄。如果没有预防的话，会给人们带来意想不到的灾害。

令人惊讶的是，火山所在地往往是人烟稠密的地区，比如日本的那须火山和富士火山周围就是这样。因为，火山喷发出来的火

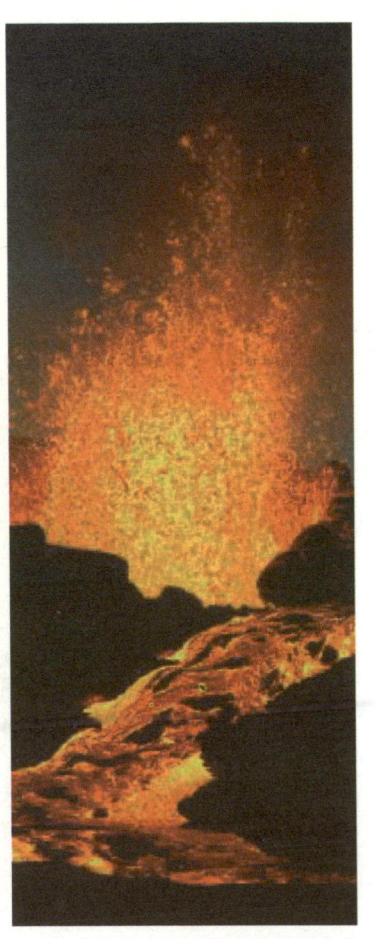

↑ 正在喷发的埃特纳火山

山灰是很好的天然肥料，富士山地区的桑树长得特别好，有利于养蚕业发展；维苏威火山地区则盛产葡萄。火山地区还因为景象奇特，往往成为旅游胜地。

目前，由于人类还不能够控制火山活动，因此，加强预报是防止火山灾害的唯一办法。

地震产生之谜

因科学落后,人类自古以来一直把地震灾害归结为上天的发怒。还有许多民族相信,大地由一些动物支撑着,这些动物一动,就会产生地震。比如印度一些部落的传说认为,海龟上站着几头大象背负着大地,大象一动,地震就发生。

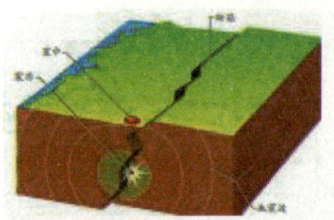

↑ 地震发生示意图

↓ 地震过后的断壁残垣

地震的形成

现代科学认为,由于地球在不断运动和变化,逐渐积累了巨大的能量。地壳的不同部位受到挤压、拉伸、旋扭等力的作用,在某些脆弱部位,岩层突然破裂,引起断裂、错动,把能量释放出来而形成地震。由于地震无法避免,所以,人们只能提前预防以降低地震带来的危害。

根据发生原因的不同,地震共分为构造地震、火山地震、陷落地震和诱发地震四种。

构造地震是指在构造运动作用下,岩层产生变形乃至破裂,将能量一下子释放出来引起的地震。这类地震占地震总数的90%以上。火山地震是指在火山爆发后,由于岩浆活动等引起岩层断裂或塌陷而产生的地震。这类地震只占地震总数的7%左右。陷落地震是由于地层陷落引起的局部地震。这类地震规模小,次数只占地震总数的3%左右。诱发地震是由于人类的生产活动如爆破、开采、地下核试验等所触发的。这类地震数量极少。

地震的危害

我国地处太平洋地震带和喜马拉雅山－地中海地震带之间,地震活动不仅频度高,强度大,而且活动的范围也很广。

地震是人类最凶恶的敌人之一,地震爆发时,会造成多种直接灾害:建筑物与构筑物的破坏;山体等自然物的破坏;海底地震引起的巨大海浪冲上海岸造成的破坏;在有些大地震中还有地光烧伤人畜的现象。

酸雨的奥秘

随着世界工业的发展,大气中又增添了一个新的家族,它们就是由酸雨、酸雪、酸雾和酸性的固体尘埃组成的酸性家族。其中,又以酸雨最常见,故常将这几种现象统称酸雨。

什么是酸雨

酸雨是大气污染的一种表现。雨、雪、雾、雹和其他形式的大气降水,pH值小于5.6的,统称为酸雨。酸雨的形成是一种复杂的大气化学和大气物理变化。酸雨是煤炭、石油以及金属冶炼过程中产生的二氧化硫、氮氧化物,在大气中经过一系列反应,生成的酸溶解在雨水中降到地面即成为酸雨。酸雨中含有多种无机酸、有机酸,其中主要是硫酸和硝酸。

在20多年前,酸雨还是个别国家和地区的局部问题,所以,造成的危害也仅局限在个别国家和地区。但随着工业发展和化学燃料的大量使用,排放到大气中的污染物(如二氧化硫等)愈来愈多,于是酸雨的危害向全世界蔓延。

酸雨的危害

酸雨的危害十分严重。它污染水域,使湖泊河流酸化。酸雨还能影响树木的生长;破坏土壤,危害农作物;破坏城市建筑物、机器、桥梁;腐蚀名胜古迹及雕塑。欧洲的许多文物古迹都不同程度地遭受到酸雨的腐蚀,而使其面目全非。

酸雨还直接影响人类的健康。有些科学家估计,因酸雨的危害,每年要夺走7500~12000人的生命。目前,世界各国已经开始采取强有力的措施防治酸雨。相信通过人类的共同努力,酸雨的问题一定能够得到解决。

↑ 酸雨对树木的危害

海水中的赤潮

某些微小浮游生物在营养物质十分丰富的条件下大量繁殖和高度密集在水体表面，引起海水变色的自然现象叫做赤潮。时至今日，赤潮发生的机理以及赤潮与各种海洋环境要素的关系，仍然是科学家们深入研究的课题。

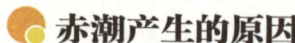

← 严重的赤潮会使得海洋生物受到严重危害，导致大面积死亡。

赤潮产生的原因

赤潮亦称"红潮"，是海洋受到污染后所产生的一种生态异常现象。发生赤潮的海水颜色随浮游生物的种类和数量而异，一般呈红色或近红色。夜光虫产生的赤潮呈桃红色，鞭毛虫类产生的赤潮呈褐色。

海洋污染能促使赤潮产生，但奇怪的是，人们在远离海岸的大洋深处也发现过赤潮。人们还发现，暴雨过后，海水表层盐度迅速降低，也能刺激赤潮生物的大量急剧繁殖。赤潮产生的原因到底是什么呢？现在普遍认为，其直接原因是有机物和营养盐过多。

赤潮产生后的危害

赤潮产生时期，大量繁殖的"红潮生物"密密麻麻地覆盖在水面上，色泽艳丽，耀眼夺目。但赤潮的危害极为严重，一旦在海域内发生赤潮，会给海洋中生活的其他生物、海洋环境乃至生活在这一海域沿岸的居民造成严重危害。因为密密麻麻的微生物会使水的透明度降低，阳光难以穿透水层，阻碍水生植物的光合作用，减少和隔绝了水中溶解氧的来源。而且，藻类的呼吸和细菌的繁殖又加倍消耗着水中的溶解氧，致使水中溶解氧急剧减少，甚至出现缺氧，使局部海水发臭，恶化海洋环境，鱼、贝类的呼吸器官堵塞，造成大批鱼和贝类的死亡。这些被赤潮毒死的鱼或贝类在海水中继续分泌毒素，危害其他海洋生物的生长。如果人食用了被污染的鱼或贝，也会造成死亡。

然而，目前人类还无法弄清赤潮生成的内在机理和发生规律，所以无法预报海区内发生的赤潮灾害。因此，防止赤潮的发生是许多海洋科学家十分关注的课题。

海水发怒咆哮

在古希腊传说中,当海神波塞冬(Poseidon)生气时,会拿三叉戟敲击海底,于是造成地震和海啸。现在科学发达了,我们知道海啸不是海神生气产生的,海啸的产生通常是由震源在海底50千米以内、里氏震级6.5以上的海底地震引起的。

海啸的起因

海啸是一种灾难性的海浪。根据现代板块结构学说的观点,板块与板块相互碰撞的俯冲地带,地表会极不稳定,而水下或沿岸山崩或火山爆发都可能引起海啸。在一次震动之后,震荡波在海面上以不断扩大的圆圈传播到很远的距离,正像卵石掉进浅池里产生的波一样。海啸波长比海洋的最大深度还要大,轨道运动在海底附近,也没受多大阻滞,不管海洋深度如何,波都可以传播过去。

怒吼的巨浪

海啸给人类带来的灾难是十分巨大的,对人类的生命和财产造成了严重摧残。海啸是一种具有强大破坏力的海浪,发生时巨浪呼啸,以摧枯拉朽之势越过海岸线,越过田野,迅猛地袭击着岸边的城市和村庄,瞬时,人便会消失在巨浪中。港口所有设施,被震塌的建筑物,在狂涛的洗劫下,被席卷一空。事后,海滩上一片狼藉,到处是残木破板和人畜尸体。

海啸所造成的灾难往往比引起海啸的地震本身还要大。不过,海啸的预警较清楚,一般在海域附近地区发生地震,就极有可能发生海啸。因此,如果当时恰好身处海边,应抓紧时间撤离到高地。

目前,人类对地震、火山、海啸等突如其来的灾变只能通过预测、观察来预防或减少它们所造成的损失。

凶猛神速的龙卷风

龙卷风是一种涡旋,龙卷中的风总是气旋性的,其中心的气压可以比周围气压低10%。龙卷风风速之大、风力之猛使我们一直无法完全地了解它。

🌀 龙卷风的形成

龙卷风就是雷暴巨大能量中的一小部分在很小的区域内集中释放的一种形式,因此,可以说龙卷风是云层中雷暴的产物。由于大气的不稳定性,会在空气中产生强烈的上升气流,受急流中的最大过境气流的影响,上升气流会进一步得到加强,与在垂直方向上速度和方向均有切变的风相互作用时,上升气流在对流层的中部开始旋转,形成中尺度气旋。

🌀 龙卷风的危害

龙卷风的到来突然而猛烈,产生的风力是地面最强的,所以会对人类造成的危害也十分巨大。在美国,龙卷风每年造成的死亡人数仅次于雷电。1896年5月27日,美国历史上最严重的龙卷风之一席卷了圣路易斯市区,造成300多人死亡,1000多人受伤,圣路易斯的一个繁华区被这场龙卷风和由其引起的大火彻底摧毁了;2000年3月28日傍晚,伴随着距离得克萨斯州沃思堡城西仅2英里的雷暴雨的到来,一场龙卷风形成了。它由西向东穿过沃思堡城镇,撕裂了屋顶,卷走了房屋,造成了5人死亡,100多人受伤,并带来数百万美元的经济损失。

龙卷风对建筑的破坏也相当严重,经常是毁灭性的。在强烈龙卷风的袭击下,房子屋顶会像滑翔机翼般飞翔起来。一旦屋顶被卷走后,房子的其他部分也会跟着崩解。因此,为了防止龙卷风过境时造成巨大损失,在建筑房屋时,最好能加强屋顶的稳固性。

解读奥秘世界

万里晴空坠冰

在万里无云的碧空中，突然会掉下一些大冰块，你说奇怪不奇怪？对这些神秘的"天外来客"，各国科学家已经进行了多年的研究，试图早日解开这个晴空降冰之谜。

← 南极冰山，在遥远的外太空也有这样硕大无朋的冰山吗？

奇异的空中降冰事件

世界各地常有这样的消息：晴空万里的天气，却突然会掉下一些极大的冰块，而这些冰块又不是冰雹。

新千年伊始，西班牙就连续发生了7次"空中降冰"的奇怪自然现象。其中，最吓人的是在南部塞维利亚省的托西那市，一块大约4千克重的大冰块轰然落在两辆轿车上，顷刻间车顶被砸得稀烂。最奇特的一次降冰事件是，3块大冰几乎同时光临巴伦西亚地区的3个小村庄，其中最大的一块有4千克重。

天外来客——陨冰

尽管说这些晴空中降落的巨大冰块是否来自太空还有待于进一步证实，但经过科学家们多年的研究探索，现在人们已经可以肯定，众多的晴空坠冰中，至少有一部分是真正的来自太空，科学家称之为"陨冰"。

陨冰与陨石一样，原先都是游荡在太空、绕太阳转动的"精灵"，只是有时它们一不留神闯进了地球引力的"陷阱"，才被迫改变轨道落向地面。但是陨冰比陨石更稀罕，因为不光是夜间降落的陨冰绝大多数会被"埋没终身"，就是白天"下凡"，如不及时发现，妥善保存，也难免会很快化做一洼污水而无从辨别。因而，现已确凿证明的陨冰，到21世纪开始前，也不到两位数。

神奇宝物夜明珠

夜明珠，顾名思义，就是夜间能发光的珠子。珠子到底是指珠宝璧玉，还是古人传说的鲸鱼目？还是近代地质学家所研究的自然界中的少数几种矿物？它们要接受外界刺激才能发光，还是本身就有发光的性质？

↓ 在黑暗中熠熠闪光的神奇石头，这是一种能发出强磷光的萤石。

关于夜明珠的种种说法

我国许多古籍中都记载了一些夜间发光的珠宝碧玉，而古人也曾传说夜明珠就是鲸鱼目。相传慈禧太后死后口中含了一颗硕大的夜明珠。

神奇的夜明珠具有斑斓的色泽，有的莹白如玉，有的漆黑如墨，还有的通体碧绿。

近代一些科学家认为，夜明珠可能是几种特殊的宝石矿物，这些矿物在受到外界能量刺激时，能产生发光现象。

日本宝石学家铃木敏在《宝石志》中写道，日本的夜明珠是一种特殊的红色水晶。

英国当代学者李约瑟认为，夜光璧就是萤石。

我国也有人推测，古人将那些白天接受阳光暴晒夜间即能放光的宝石，加工成圆柱形或其他形状，即为古今中外传说或史书记载的夜光璧或夜明珠。发现于我国广东的浅棕色萤石，证实了夜明珠的存在，但是，这些放光的矿物需要接受外界的能量刺激才会发出光来，这又与史书的记载相悖。

夜明珠发光的原因

尽管关于夜明珠的说法很多，但是，现实中并没有一种物质可以证明，有不需外界刺激便可以发光的宝石存在。相反，自然界中少数几种矿物，如某些含杂质的金刚石、磷灰石、重晶石、萤石、锆石和水晶等，在受到外界能量刺激，如加热、摩擦、通电以及紫外线、X射线或阴极射线等短波光的照射后，会产生发光现象。

发光的机理可以解释为，物质内部由于化学元素衰变过程引起的能量的变化，或者物质受外部能量的激发而导致物质内部结构的变化。

第3章　透视生命的秘密

生命本身是个奥秘，无人能领会。生命没有重量，没有体积，但有力量。

生命刻画出生物的各种式样，渲染出缤纷的色彩。

生命将多种物质组合成糖和树，放出氧气，使动物得以生存。

生命使小鸟飞在空中，使鱼儿游在水里。

生命的力量何等伟大啊。

生命是不断发展的，人们对生命的认识也在不断地发展。

20世纪80年代末90年代初开始的"人类基因组计划"，力图完成人类全部基因的测序，这将是人类挑战自身的一大步。

虽然生命科学中还存在众多未知领域，如地球生命的起源、天外有没有生命等，然而，探索生命的奥秘就是一连串充满惊奇的旅程，就让我们一起去了解、去思考、去探索生命这一奇妙的现象吧。

人体内的"小宇宙"

在电子显微镜之下,人体好像是一座经过精心规划且得到及时照料的花园。比如头发看起来就像是一片表面粗糙的乔木林,充斥着向四面八方扩散的粗壮树干,前额就像干燥的"中亚细亚的荒原"。原本很熟悉的人类身体,当从另一个全新的角度观看的时候,却发现人体好似一个不停运转的、独立的"小宇宙"。

永不停息的小宇宙

在人体谜一般的"小宇宙"里,万物都在不停地运动。每天平均心跳10.8万次,肺呼吸2.6万次,肾脏过滤1700升的血液,胃分泌1.5升的胃液,肝脏则制造1升的胆汁。这些确切的数字,听起来是不是很叫你吃惊呢?那么,下面的数字就更会令你感到吃惊了。

人类需要肉体来证明其存在的事实,而这个证据包含45千克水、206块骨头、100多个器官、450对肌肉、800种组织及950千米长的管脉。人体如同一座装置着精密仪器的高科技工厂,里面含有由4万亿~6万亿个细胞所构成的复杂结构,整个系统随着心脏的搏动而不停地新陈代谢。在这近乎无声而又神奇的世界里,许多活动日日夜夜都在进行。

身体内的动物园和植物园

如果我们穿过人体的表面,将发现一座巨大的动物园和一座茂密的植物园,有成千上万亿、属于5万多个物种的动物和植物生活其中。在小型动物区内,除了"软体动物"和"脊椎动物"之外,其他动物也一一出席。有的出来闲逛透透气,而披着甲壳的"节肢动物"则争先在体内的潮湿环境下进行繁殖,其全部行动都以最低调的方式进行。只有它们的生命结束,我们才能免于继续做宿主。

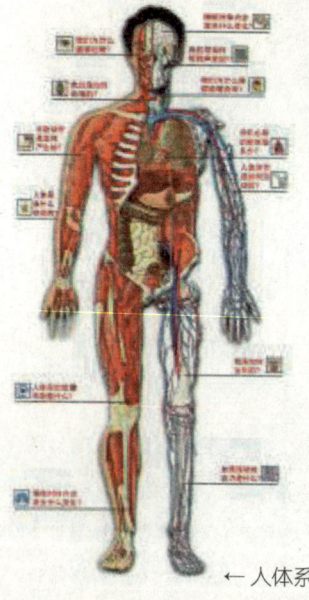

← 人体系统内部结构

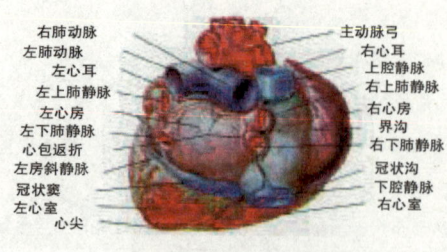

↑ 人体内的动力泵——心脏解剖图

解读奥秘世界

地球之外还有智慧生命吗？

地球之外还有智慧生命吗？在浩瀚深邃的苍穹深处，存在着其他生命形态吗？20世纪以来，人类把探寻的目光投向宇宙深处，急切地想要解开一个谜团——是否有天外来客光顾地球。

首次发现不明飞行物

1947年6月24日，一位名叫阿诺德的美国商人驾着一架小型飞机在华盛顿州上空飞行，发现一组巨型不明飞行物同他一起在空中翱翔。阿诺德的有关目击报告第一次引起了公众的浓厚兴趣，从此"飞碟"或"UFO"（不明飞行物的英文缩写）便迅速流传开来。

罗斯维尔事件

1947年7月，美国新墨西哥州一位牧场主在其住所附近发现地上散落着许多奇异的碎片和一个破碎的庞然大物。美国军方还没来得及封锁消息，"飞碟着陆"的新闻便已传开。虽然此后军方更正，但不少人坚信这是军方在掩饰碎片来自外星的真相——这就是著名的"罗斯维尔事件"。

↑ 神奇的未知世界总带给人类无尽的遐想

不断发现UFO的报告

自1947年美国人阿诺德首次报告不明飞行物以来，世界各地不断有发现UFO的报告：1954年夏，美国军方雷达曾多次在首都华盛顿上空发现不明飞行物；1978年11月，科威特石油公司的7名技术人员发现地面上的不明怪物；1978年12月22日下午，澳大利亚空军飞行员发现了时速1800千米的不明飞行物。在中国，自20世纪70年代以来，也屡有UFO的目击报告。

另外，中国古代的一些书籍中也记录了有关不明飞行物的事件。由此看来，地球外的智慧生命是非常有可能存在的。

地球生命源自何处

地球生命是从哪里来的？美国和欧洲的一些天文学家目前正在讨论这样一个问题：生命是否起源于火星而非地球，地球上的生命是否是由陨石带来的？

↓ 茫茫的宇宙

人类的祖先是某种形式的"火星人"

大多数科学家都认为，生命起源于一个类似现代的细菌那样的"先祖"。这个细胞后来进化为植物、动物和人类等各种生命形式。然而，一个由10位来自欧美国家的天文学家组成的专家小组提出，比地球小、且离太阳更远的火星，早在地球冷却之前就已经适合生命的存在。来自瑞典皇家技术学院的资深学者米莱考斯基说，火星先于地球出现生命，我们人类的祖先很可能是某种形式的"火星人"。

外星生命是如何到达地球的

科学家们还相信，如果生命形式真的起源于火星，那么这种生命形式是很容易到达地球的。科学家认为，火星陨石是由彗星或小行星撞击火星表面造成的。这种撞击足以将火星表面携带微生物的岩石抛到火星引力鞭长莫及的地方。

他们估计，虽然只有不到1%的这类岩石来到了地球，但它们足以将生命的种子传到地球上来。美国太空总署科学家李杰信博士提出一项假说：从火星陨石ALH84001中生命活动可能的遗迹和地球古菌生命领域以及毫微细菌的发现来看，火星上有可能有生命存在。

火星个子小、散热快，可能比地球抢先达到生命起源条件。生命在火星形成后，乘坐频繁出发的陨石列车抵达地球，播种生命，这是目前无法排除的可能模式。

人类是否还在继续进化

解读奥秘世界

进化是生物逐渐演变发展的一个过程。在这个过程中，生物由低级发展到高级，由简单发展到复杂。今天地球上的各种生物，几乎没有和远古祖先一模一样的。未来的各种生物又会和今天有所不同，这就是进化所产生的结果。

人类还在进化

我们首先从头颅的变化来看。远古人类的头颅多偏长，而现代人的头颅则偏圆，这种圆颅化，生物学家认为可能是食用奶食（乳糖和钙）的结果，而这又是与畜牧业的发展分不开的。

我们再从人的智齿来看。智齿的不断缩小和消失，是目前人类仍在继续进化的又一例证。因此，人类进化的过程还没有完结，仍在继续依据已经开始的倾向在进化，只是方式不同而已。

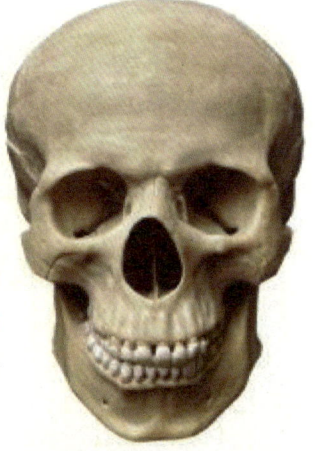

↑ 人类头骨模型

进化的方式

现在的人类是以什么方式进行进化的呢？我们知道，生物进化来源于种群及其环境之间的交互作用，而环境对这一进化的方向起着根本性的作用。只要人能够控制环境因素，并维持这些因素的稳定，就能消除进化的原动力，人的形态也就能稳定不变，而只受基因的影响。这种进化为外体进化，即人类有可能以种种外于其机体的手段来适应环境，甚至通过工具创造人工环境，因而，身体无须发生变化。

人类的进化属于对环境的一种适应过程，所以生活在自然界中的人类，时刻都面临适应环境的种种要求的变异。但由于人是在自然界长期进化中的适应性极强的物种，所以人类的变异是一种十分缓慢的进化，即缓进状态。但是人类的生存环境越来越对人类本身不利，所以人类的下一步进化，必将是如何适应恶劣的环境，如何在各种有害细菌、病毒充斥的环境中，提高免疫能力。

人类的进化史，或者说是生物的进化史，永远都不会停滞。

人究竟能活多久

人到底能活多少岁，也就是说，人的自然寿命究竟有多长，这是人们极为关注的问题。

世界上寿命最长的人

目前世界上寿命最长的人——法国妇女珍妮·路易斯·卡门，她活了122岁。尽管这个年龄已经令人咋舌，但来自德国罗斯托克城的詹姆斯·法奥佩尔医生依然坚信，这绝不是人类寿命的上限。

人类寿命的上限

有的科学家认为，人体自然寿命相当于细胞分裂周期的乘积。人体的细胞自胚胎开始分裂，平均每次分裂周期为2.4年，可分裂50次以上，因此自然寿命应该在120岁左右。但有的科学家说，人类的寿命与哺乳动物的寿命有共同规律，哺乳动物的最高寿命为性成熟的8~10倍，人在14~15岁左右性成熟，因此人的最高寿命应为112~150岁。还有的科学家说，动物中凡生长期长的，寿命也长，而哺乳动物的寿命是其生长期的5~7倍，人的生长期为20~25年，因此人的自然寿命应该是100~175岁。

↑ 随着科学技术的发展、人们生活水平的不断提高，越来越多的老人步入了高龄的行列，但人类究竟能活多久呢？

150岁的年轻人

有科学家说，在世界上许多国家，80岁时的死亡率已经以每年2%的比例下降。科学家预料，到21世纪中叶，一些国家的人均寿命可以达到100岁。到2150年，工业化国家中人口的平均寿命将达到122.5岁。不少科学家相信：在2150年的某一天，一定会有某个神智非常清醒的人迎来自己的150岁生日。随着科学技术的不断发展，150岁将会是人类的年轻时代。

解读奥秘世界

人类衰老之谜

衰老是每个人都必须面对、关心的问题。众所周知,人的身体在到了 25 岁以后,就开始进入一个逐渐衰老的阶段,身体的各项机能随着年龄的增长而下降。但衰老的原因又是什么呢?

当人们逐渐老去,各项身体机能也随之下降。当医疗带给人们越来越多的惊喜,人们对于长寿的追求也就变得愈加强烈。

程序假说

人类细胞分裂 50~60 次后便会停止,使机体组织呈现衰老和机体低下状态。控制细胞分裂次数的时钟,是位于染色体两端的一种特殊构造——端粒。细胞分裂,使染色体上的这种特殊构造缩短到一定长度,从此停止分裂,这就是"程序假说"。

错误积累假说

细胞分裂时 DNA 复制、RNA 转录信息、翻译氨基酸合成蛋白质的任何环节上发生错误,均可影响细胞分裂与相应蛋白质的合成。错误积累到一定程度便引起一系列代谢、机能和结构上的异常,导致组织器官乃至整个机体发生衰老,这就是所谓的"错误积累假说"。

细胞间物质学说

细胞间物质是指由细胞产生,并分泌到细胞或细胞间的一些物质,如透明质酸、胶原等。

透明质酸是一种大分子物质,在保持组织的水分方面有重要作用。青年期透明质酸多,皮肤润泽而丰满。但随着衰老,透明质酸减少,胶原增加。

胶原不仅缺乏弹性,而且不容易被分解,因而营养物质难以进入细胞,而细胞的排泄物亦难以排出,因而,细胞的新陈代谢低下,最终导致细胞衰老。特别是当毛细血管、淋巴管及细胞之间出现胶原,衰老很快就会出现。

基因颠倒错排

> 基因排序颠倒后会出现什么后果呢？也许会出现一个音乐或数学天才，但也可能会是一个傻子哦。

威廉斯氏综合征

威廉斯氏综合征是一种先天性疾病，患儿有典型的脸部外观特征。他们身体瘦小，有轻、中度的智能发展迟缓，牙齿通常长得很慢且小而稀疏；友善而爱说话的个性是他们的另一个特征。得这种病的孩子常伴有先天性心脏病，尤其是主动脉狭窄、肺动脉狭窄或肺动脉瓣狭窄。

威廉斯氏综合征是因为基因排列失常而造成的先天性疾病，患者一出生，其体内的 7 号染色体就少了 20 个基因。

多伦多儿童医院资深研究员谢勒说，人的基因谱好像一本 4 万字的书，基因排列失常就如同是书中一个约 20 字的句子被颠倒印刷。患上这种疾病的孩子天生就有学习障碍，心脏、肾脏和血液也很容易出毛病，但他们却往往具有较高的社交能力，而且他们中出了不少音乐天才。

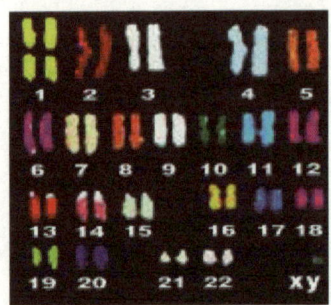
↑ 人类的 23 对染色体，上面所承载的基因使人类表现出丰富多样的特异性。

基因排序颠倒

加拿大医学工作者在对威廉斯氏综合征进行研究的过程中发现：音乐和数学天才可能是基因排列失常造成的。因为基因排序颠倒虽然会引起精神科疾病，如自闭症和精神分裂等，但同时亦可能是智力突然迅速提升的直接诱因。所以，基因错排完全有可能产生天才的音乐家和数学家。他们甚至开始怀疑天才科学家爱因斯坦曾患自闭症。

不过，大多数基因排列错误的人没有那么幸运，他们非但没有成为天才，反而成为智商不到 60、智力发育迟缓、外表古怪的人。

↑ 伟大的科学家爱因斯坦难道是自闭症患者？这个说法恐怕会令很多人觉得匪夷所思。

克隆技术

英国英格兰科学家和美国俄勒冈科学家先后培养出了"克隆羊"和"克隆猴"后,人们对克隆技术产生了浓厚的兴趣。克隆技术的成功,被人们称为"历史性的事件,科学的一项创举"。甚至有人认为,克隆技术可以同当年原子弹的问世相提并论。那么,什么是克隆技术呢?克隆技术对人类有哪些意义呢?

克隆绵羊→

什么是克隆技术

克隆技术即无性繁殖技术。一般来说,要想生育后代,通常要有雌雄交配,精子和卵子结合发育成胚胎,经妊娠后产出新的个体。但是,克隆技术不需要雌雄交配,不需要精子和卵子的结合,只需从动物身上提取一个单细胞,用人工的方法将其培养成胚胎,再将胚胎植入雌性动物体内,就可孕育出新的个体。这种以单细胞培养出来的克隆动物,具有与单细胞供体完全相同的特征,是单细胞供体的"复制品"。这就像用复印机复印文件一样,通过克隆技术,可以制造出一个和自身基因一模一样的生物个体。

一座挖掘不尽的金矿

克隆技术对人类有重要的意义,它在基础生命科学、医学、农业科学研究与生产中具有重大的理论意义和广泛的应用前景,并存在着巨大的潜在经济效益。在未来的5~20年,克隆技术将逐步形成和引起一场世界范围内新的生物技术产业革命。

克隆技术可快速培育和扩大繁殖抗病力强、生产性能高的优良动物,还可以研究动物的发病机理,寻求新的有效治疗药物。

此外,克隆技术在抢救濒危珍稀物种、保护生物多样性方面可发挥重要作用。即使在自然交配成功率很低的情况下,科研人员也可以从濒危珍稀动物个体身上选择适当的体细胞进行无性繁殖,达到有效保护这些物种的目的。所以说,克隆技术被人们称为"一座挖掘不尽的金矿"。

神秘无比的多胞胎

人们常常被一些双胞胎或多胞胎的相貌甚至生活习惯、社会经历、患病症状乃至死亡等惊人相似的现象所吸引，觉得神秘无比。那么，这些"酷似"的现象能否用科学去解释呢？答案是肯定的。

多胞胎定律

据法国科学家推测，人类出现多胞胎的概率是有一定规律的，即人类每80次妊娠中，可有一次双胞胎的诞生；每80²次妊娠中，可有一次三胞胎的诞生……其他依此类推。也就是说，每32亿次妊娠，才可能出现一次六胞胎。据有关资料报道，整个20世纪80年代，全世界出现的五胞胎也只有35例，出现六胞胎只有13例。看来，按照自然的规律，一次生3个以上孩子的机会真是太小了。

多胞胎的影响因素

一般认为，妇女多胎妊娠有四大因素：遗传因素——有些家族受遗传基因的影响，易于生多胞胎；母亲晚育——一般高龄产妇多胎的概率大；环境因素——法国有个巴伦丁村是个双胞胎村，3个新生儿就有一对为孪生，据调查与其村水源有关；宫内状态——有人认为宫内温度变化或缺氧，可使胚胎发育迟缓，诱发多胞胎。

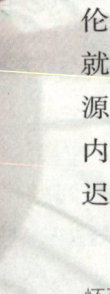

←怀孕的妇女

细胞工程技术

当今生物技术的重要组成部分之一是细胞工程技术，细胞工程日趋显示出它在农林生产、作物育种、防治疾病和医药、发酵工业等方面广阔的应用前景。

细胞工程

用生物学方法对细胞进行改造，使细胞按人类的需要生产出有用的产品，或者改变遗传物质来培育新的生物类型的科学研究工程叫做细胞工程。它主要包括：细胞融合技术、细胞培养技术和细胞重组技术。

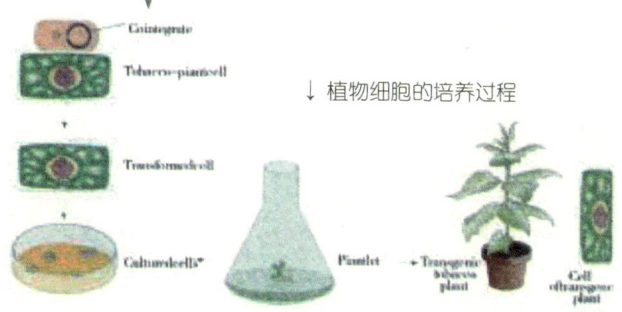

↓ 植物细胞的培养过程

细胞融合技术是指在一定的条件下，将两个或多个细胞融合为一个细胞的过程，又称细胞杂交，该技术已经成为遗传转化实验与研究的最有效手段之一。

所谓细胞培养，就是把某些细胞从体内取出，然后接种在特制的容器内，并予以必要的生长条件，使它们在体外继续生长与繁殖。

细胞重组技术就是在体外条件下，动用一定的实验技术，从活细胞中分离出各种细胞的结构或组成"部件"，再把它们在不同细胞之间进行重新装配，成为具有生物活性的细胞。

细胞工程技术的应用前景

随着细胞学理论的深入研究和发展，以及细胞工程技术手段的改进和完善，细胞工程日趋显示着它在农林生产、作物育种、防治疾病、工业发酵等方面的广阔前景。例如，细胞工程在无性繁殖与有性杂交育苗中，均有成功应用。用无性繁殖培养幼苗，可以保持作物品系的优良特性。

花粉育种就是一种无性繁殖新技术。将花粉接种在培养基上，诱导其中的花粉长出单倍体幼苗，经过秋水仙碱处理，就可获得双倍体细胞纯种植株。这样，一次就能稳定杂交后代的性状，加速育种速度，简化了过程。我国已在烟草、小麦、水稻和玉米的花粉育种上获得成功，对于提高农作物产量有着重要意义。

暗示的力量

你认为自己是怎样的人，你就会真的成为你想的那样。如果一个人认为自己的身体不好，即使他没有任何毛病，也常会感到不舒服；如果一个人认为自己是个失败者，那么，他永远也无法享受成功带来的喜悦与满足。而这些和心理学上经常提到的"暗示"有着密切的关系。

起死回生的"暗示"

第一次世界大战期间，在英国的前线战场上，流行着一种因受炸弹爆炸的震惊而得的心理恐惧症——"弹症病"，甚至四肢瘫痪。心理学家参加了战时诊疗，发现这是一种"心病"，于是对患者进行暗示心理疗法：用铅笔在下肢失去知觉的士兵膝盖以下若干寸的地方画了一个圈，然后以肯定的口气告诉患者，明天线圈以下部位一定恢复如常。第二天，士兵这个部位果然恢复了知觉。这样，日复一日地提高画圈的位置，直到士兵痊愈。这就是著名的"麦独孤暗示疗术"，现在在医学界已经广泛应用。

暗示的消极作用

有一个人偶然被关进了冷藏间，开始他并未介意，也未感到寒冷。后来当他抬头看见"冷冻"二字时，顿时心理紧张起来，越想越怕，越想越冷，最后在惊慌之中死去。其实，当时冷冻机并未开动，这是自我暗示起作用的可悲结果。

医务人员不慎的语言和行为，也会给病人造成消极暗示。一位年轻的妇女是个独生女，自幼娇生惯养，后来丈夫因病去世，她悲恸欲绝。于是她去求医，医生要她把心放宽些，否则会急出精神病。而她的工作单位附近正好有一所精神病院，当她每天上下班看到精神病院时，就想到医生的话"急出精神病来"，后来竟然真的患上了精神病。

所以，大家千万不要忽略心理暗示的巨大力量，我们要有意识的抵制错误的、有害的暗示，而给自己多一些有益的暗示。这种积极的暗示长久地保持下去，便会转变成为战胜自我的力量。

← 所有的宗教都会带给人强烈的心里暗示

智力的奥秘

通常，人们评论某个孩子聪明、某个孩子愚笨时，指的都是智力水平高低的表现。那么智力是什么东西呢？为什么有人智力高，而有人智力低下呢？智力是遗传的吗？

智力是什么

智力或称为智能，是指人在认知过程方面所表现出来的能力。智力是认知活动的综合能力，构成智力的因素包括各种感觉能力（如感受性的大小）、观察力、记忆力、想象力和思考力（如理解力、判断力、抽象概括能力和推导能力）等很多方面，其中以思维能力为核心。

像老约翰·施特劳斯和小约翰·施特劳斯这样的父子传承在音乐界并不少见，除了家庭环境的熏陶外，遗传的可能性的确存在。

低智儿

如果家庭成员中有精神病患者或智力低下者，其生出低智儿的可能性大大高于无家族史的夫妇，使智力低下呈现家族聚集现象。还有的夫妇虽然家族中无患病者，但由于自己吸烟、酗酒，使卵子或精子的遗传基因发生变异，也会导致生出不聪明的孩子。另一个原因是孩子在胎儿期受到了不良环境的刺激，像射线、电磁波、被镉污染的空气等，使他的神经系统的分化和发育受到影响，或诱导宝宝的染色体发生变异，从而导致智力低下。母亲如果在怀孕期间感染了某些疾病，如风疹病毒、巨细胞病毒等，影响了胎儿在宫内的发育，特别是脑部的发育，也会影响其智力。

智力是遗传的吗

通过研究发现，智力与遗传确有关联，智商的70%由遗传决定。据中国科学家测定，中国儿童智力的遗传度为64.3%，不管智力与遗传的关系有多密切，毕竟智力是由多种因素造成的，环境因素仍积极影响着智力。

女人和男人谁更聪明

人们都说女人没有男人聪明,男人天生就比女人能力强,但实际情况怎么样呢?最近,科学家的一项研究表明,女人天生比男人聪明。

女人天生更聪明

美国研究人员在对20名男女进行对比研究后发现,同样在额叶大脑区,女性的大脑灰质密度比男性平均高出15%。一般来说,灰质密度越大,脑细胞越多,人的智商也越高,思维自然更加敏捷灵活。女性大脑灰质密度更大,意味着同男性相比,女性的思维能力更高,"女人天生更聪明"的论断确有科学根据。

老女人比老男人更胜一筹

荷兰莱顿大学的研究人员对599名老年男性和老年女性展开对比研究后发现,女性的思维比男性的要敏锐许多,反应速度也更快。在进行文字和数字识别测试时,1/3的女性能够一直以较快的速度回答问题,而能一直保持快速反应的男性却只占男性总数的28%。在统计能力测试中,女性的平均成绩也高于男性。

莱顿大学研究人员据此推断,男女进入老年后,出现的大脑智商差异是由男女的生理差异造成的,而并非社会因素所导致。

看来,造物主在给了女人美丽、可爱的同时,还给她们脑袋里多装了不少脑细胞哩!

↓ 在体力上,女孩显然不占优势,但在智力水平上,女孩却丝毫不逊色于男孩。

梦境中的旅行

梦游是一种常见的生理现象。梦游的方式五花八门，既有寻常的，也有离奇的。那么，梦游到底是怎么回事呢？

梦游是怎样形成的

研究表明，梦游主要是人的大脑皮层活动的结果。大脑的活动包括"兴奋"和"抑制"两个过程，通常人在睡眠时大脑皮质的细胞都处于抑制状态之中，倘若这时有一组或几组支配运动的神经细胞仍然处于兴奋状态，就会产生梦游。梦游行动的范围往往是梦游者平时最熟悉的环境，以及经常重复做的动作。

↑ 人在睡眠中，如果大脑皮层的一组或几组支配运动的神经细胞处于兴奋状态，那么就会产生梦游。

梦游症的治疗

治疗梦游症时，必须心理治疗和药物治疗同时进行。应该去除不良的精神因素，消除焦虑、恐惧和紧张的情绪，改善睡眠环境，注意劳逸结合和体育锻炼；同时，根据年龄辅以适当剂量的镇静安眠药物。在梦游刚发作时，及时唤醒他，也是一种行之有效的补救措施。

舒适的睡眠姿势也有助于梦游症的治疗。仰卧位时，只要卧姿合适，四肢保持自然伸展，就不会引起脊柱曲度的太多变化。侧卧位时，有些人认为右侧卧位较好，原因是右侧卧位不会压迫心脏，而且不影响胃肠蠕动，这对于有心血管系统或消化系统疾病的人来说可能有一定的好处。但对于一般人来说，不必过于讲究是采取左侧还是右侧卧位。因为人在睡眠之中总要不断翻身（一夜之间要翻20~45次），翻身的目的主要是为了求得舒适的体位，否则长时间维持一种姿势会在使一部分肌肉松弛的同时，其他肌肉处于紧张状态，而且也会使与卧具接触的那一部分躯体因受压而血运不通畅，神经受压则会产生麻木感。

眼皮跳动是怎么回事

"左眼跳财,右眼跳灾"的说法在老百姓中广为流传,虽然并没有科学依据,但眼皮跳是每个人都经历过的。那么,眼皮跳动到底是怎么回事?又该采取什么办法呢?

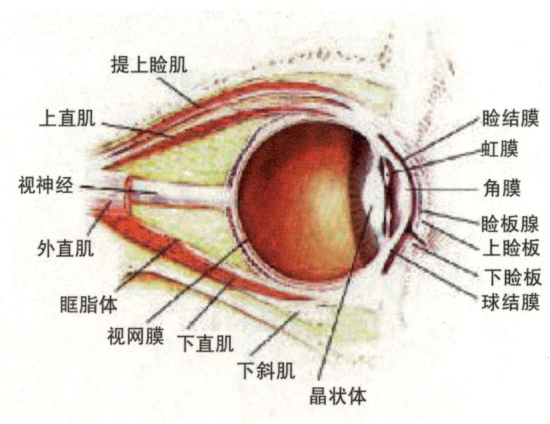

↑ 眼球及眼部肌肉结构图

眼皮跳的奥秘

眼皮在医学上被称为眼睑,眼睑内有两种肌肉,一种叫做眼轮匝肌,另一种叫做提上睑肌。眼轮匝肌的正常活动是在神经的支配下进行的,所以,人能随意地使眼睛睁开或者闭上。

当眼轮匝肌受到不正常的刺激时,可使其发生不正常的跳动。一般是在疲劳过度、用眼过久或睡眠不足时,眼皮跳动较为频繁。其他如强光、药物产生的刺激,或眼睛进了异物,或常常抽烟喝酒等,也会刺激眼睛,引起眼皮跳。这些都是生理现象,与人的"福"、"祸"毫无关联。

如何减轻眼皮的跳动

眼皮跳动分为生理性和病理性两种。生理性的眼皮跳动其发作时间很短,通常只有几秒钟,而且跳动程度也不严重,这种情况一般不需特殊处理。感觉跳动比较频繁的时候,可以闭上眼睛休息一会儿,或是用手指在眼睛周围轻轻按摩,也可以采取用温热毛巾敷眼的办法缓解症状。

病理性的眼皮跳动则发作较频繁,而且持续时间长,跳动幅度大,有些人甚至连嘴角、半边脸都会一起抽动。眼皮跳动的病理性原因包括过度劳累、心情紧张、眼部疾病和视觉疲劳等。比较严重的是面部肌肉痉挛后引起的眼皮跳动,这是由于支配眼皮肌肉运动的面部神经被血管压迫所致。这种眼皮跳动很难自行消除,时间长了还会引起眼皮和面部的肌肉萎缩,而且很有可能是颅脑内疾病的征兆。

久放不腐的人体

解读奥秘世界

人死了以后尸体仍然保存完好，像活人一样，这是多么不可思议的事情啊！我国唐代高僧无际禅师的肉身至今仍然保存完好，被学术界视为"世界唯一奇迹"；意大利一个女童在死了90多年后尸体仍然没有腐烂。

千年不腐的肉身

在我国唐代，有一名高僧叫无际禅师。他死后的肉身，至今仍然保存完好，被学术界视为"世界唯一奇迹"。

据说，当无际禅师自知来日不多后，就停止进食，并嘱咐门徒将他平日搜集来的百余种草药熬汤，他每天豪饮10多碗。一个月后，他清瘦了，但脸色红赤，双目如炬。最后，无际禅师安祥地圆寂了。

无际禅师死后，他的肉身不但不腐，而且还芬芳四溢。1000多年后，无际禅师依然盘腿而坐，双目有神，俨如活人。即使把他暴露于空气中也依然如故。

熟睡的女童

在意大利西西里岛有一座教堂，因在其地下发现一个女童的木乃伊而闻名于世。这个女童名叫伦巴尔特·劳扎丽亚，她死后，她的母亲恳求一位名叫萨拉菲亚的医生设法让她的遗体永不腐败。

如今90多年过去了，这个女童仍安眠在一个玻璃棺内，无论从任何角度去看，她都令人觉得依然是活人一般，安然可爱。

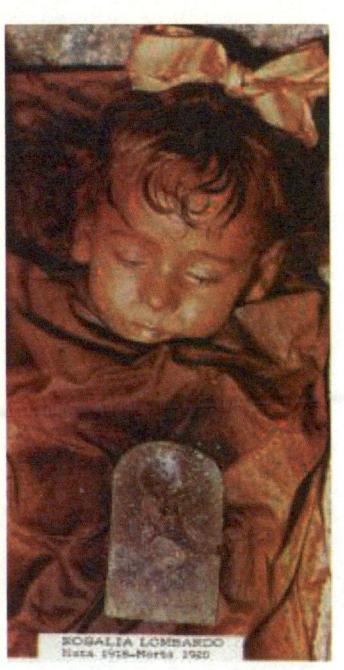

↑ 女童伦巴尔特·劳扎丽亚

第4章 动物植物的传奇

人类还没有出现的时候,我们生活的这个地球上就有了动物和植物。

在古老的生物界,发生了各种各样我们闻所未闻的故事,

有着许许多多我们想揭开的神奇奥秘:

为什么恐龙作为远古时代统治地球的霸主,会突然消失?

为什么凶猛无比的鲨鱼,会怕小小的比目鱼?

为什么有的植物会吃虫吃肉?

为什么有的植物长着人的面孔……

看完本章,也许你的疑惑就会一一解开。

其实,人类对生物界的探索从远古时代就开始了,随着科学的进一步发展,人类已经破解了生物界的许多奥秘。

巨兽时代的生命
——恐龙

解读奥秘世界

恐龙是古爬行动物。虽然恐龙的化石已在地球上存在了数千万年，但直到19世纪人们才知道，地球上曾经有这么奇特的动物存在过。

恐龙的发现

第一个发现恐龙化石的是一位名叫曼特尔的英国医师。曼特尔医师平时就有收集岩石和化石的嗜好。1820年，他和夫人玛丽·安发现了一些嵌在岩石里的巨大牙齿。曼特尔医师从没见过这么大的牙齿。当他在附近又发现了许多骨骼后，便开始对这些不寻常的发现物展开认真的研究，曼特尔医师得出一个结论：这些牙齿和骨骼应该属于某种庞大爬行动物。他将这种不知名的动物命名为禽龙，学名的原意就是指鬣蜥的牙齿。

↑ 最早发现恐龙化石的曼特尔

不久，英国又发现两种巨大爬行动物的骨骼，它们分别被命名为斑龙和森林龙。一直到1841年，这些巨大的爬行动物才有了正式的名字。当时一位杰出的科学家理查·欧文爵士将它们命名为恐龙，学名的意思是恐怖的蜥蜴。

↓ 为恐龙命名的欧文爵士

恐龙时代的地球

恐龙在地球上生存了上亿年，在这么长的时间里，地球的环境发生了许多变动：原本连成一整片的盘古大陆逐渐漂移，分裂成为如今我们熟知的形态，气候也随之发生巨变变化。不过，由于这些变迁是在非常漫长的时间内逐渐形成的，因此，生长其中的生物依然能够生活得很好。

在恐龙时代早期，蕨类植物是地表主要的植被，后来高大的针叶树林和低矮的苏铁丛林取代了蕨类植物的地位，不久，显花植物出现了，地球上的植物景观也因此发生了巨大改变。

恐龙时代的海洋霸主

1991年，在加拿大西部不列颠哥伦比亚省的一条河中，古生物学家伊丽莎白·尼科丝和她的同事们发现了一具海洋动物的化石。科学家由此推测，这种动物也许是我们这个星球上曾经生活过的最大的食肉动物，他们称它为鱼龙。它们的角色，很像今天仍然活跃在大海中的鲸、海豚和海豹。

飞跃的蛟龙

科学家认为，有些鱼龙具有非常符合空气动力学原理的流线体形，它们新月形的尾十分有力，可以灵活地左右摆动。这种鱼龙的游弋速度可以达到每秒1米，和今天海洋中的蓝鳍和黄鳍金枪鱼不相上下。

另外一些鱼龙，特别是早期的种类，依然部分保留着蜥蜴的形体，有长长的尾和柔软的脊，它们游动的速度没有前一种快。鱼龙通过这种方式，在捕食的追逐中吸取足够的氧，并得以游弋很远的距离。

超常的巨眼

↑ 大眼鱼龙的骨骼装架模型，可以看到它的眼睛大得出奇。

最令科学家感到惊讶的是鱼龙的眼睛。一般说来，鱼龙游得快，它们才有可能潜得深，因为只有游得快，它们才能在屏息的有限时间内，游到更深的地方，这是它们获取丰厚食物的重要本领。一些生物学家认为，鱼龙是可以潜得很深的，这其中的一个重要证据就是，它们有一对极大的眼睛。

鱼龙

鱼龙长12米，重3吨，生活在侏罗纪时代的海洋里，以鱼为食。鱼龙并非陆生动物，而是生活在海中的爬行动物。它的体形适合游泳，具有鳍状构造与流线形的头。鱼龙外形和海豚极为相似，游泳速度非常快。因为它无法离开水域产卵，因此可能是在体内孵化幼体。

严格来讲，鱼龙不属于恐龙，但由于它生存的年代属于中生代，且和恐龙一样属于爬虫纲，因此大部分人也将它当作恐龙。

恐龙灭绝之谜

大约一直到 7000 万年前，恐龙还是统治地球的霸主。然而在 6500 万年前，它们全部灭绝了。而且，整个灭绝过程还很可能是在仅仅数月内发生的。为什么会发生这种情况，说法不仅不统一，而且竟有上百种之多，以下几种说法是一些比较典型和有代表性的观点。

小行星撞击说

长期以来，最权威的观点认为，恐龙的灭绝和 6500 万年前的一颗小行星有关。据研究显示，当时曾有一颗直径为 7~10 千米的小行星坠落在地球表面，引起一场大爆炸，把大量的尘埃抛入大气层，形成遮天蔽日的尘雾，导致植物的光合作用无法进行，恐龙也因此而灭绝了。

小行星撞击说很快获得了许多科学家的支持。1991 年，在墨西哥的尤卡坦半岛，发现一个发生在久远年代的陨星撞击坑，这个事实进一步证实了这种观点。今天，这种观点似乎已成定论了。但也有许多人对这种小行星撞击说持怀疑态度，他们认为蛙类、鳄鱼以及其他许多对气温很敏感的动物都顶住了白垩纪而生存下来了，这种理论无法解释为什么只有恐龙灭绝了。

内在基因说

任何一种生物种类在地球上的存活都有着特定的周期性，到了一定的生命周期后，就会由于其自身遗传机制方面所存在的问题而自行消亡。事实证明，在地球上称霸了上亿年的恐龙家族，早在所谓的大灾变之前就已经演绎了上千万年的"家道中落"史。因此，恐龙生存体制和生命机制的彻底衰败，是恐龙遭致淘汰的根本原因。

长毛象

从上一次冰河期到 10 万年前，在陆地上生存的最大哺乳类动物就是长毛象（也称猛犸象），当时它的活动范围遍及整个北半球。长毛象重约 6~8 吨，可以称得上是庞然大物了。但是，在地球上生活了约 50 万年的长毛象却在 1 万年前突然灭绝，这是为什么呢？

庞然大物

长毛象身高体壮，有粗壮的腿，脚生四趾，头特别大，在其嘴部长出一对弯曲的大门牙。一头成熟的长毛象身长可达 5 米，体高约 3 米，门齿长 1.5 米左右。它身上披着黑色的细密长毛，皮很厚，达 9 厘米，具有极厚的脂肪层。

突然灭绝

在地球上悠然生活了约 50 万年的长毛象，竟然在 1 万年前突然灭绝，这是为什么呢？

人们普遍认为，长毛象的消失与地球气候变化有关。随着冰川带后退、气温上升，以及后来出现的干旱气候，让它们无法适应新的生存环境而最终灭绝。但是这种观点难以解释一个事实：在以前的气候变化中，有时气候突变更为剧烈，长毛象并未灭绝。显然，气候的变化不是唯一的原因。

有人认为，它的灭绝很可能是由于某种灾变引起的，比如，当时地球上突然发生了大的灾害。

还有些人认为长毛象灭绝的原因可能是它们染上了某种致命的疾病。

解读奥秘世界

化石饼中的石鱼

在非洲马达加斯加岛西北部的一个村子附近,人们在无意中发现了一种包裹着鱼的石头。如用锤子敲击石头的侧面,石头会分层裂开。从裂开的对称石质面上,可以清楚地看到,一条较为完整的鱼深深地嵌在石面上。由于这种鱼是在化石饼层内发现的,人们就给它起了个名字——石鱼。

鱼如何进入石套

在研究探讨石鱼的过程中,有关石鱼的疑问被提了出来:这种古海洋中的热带鱼是怎么进入"石套"中的。

人们这样解释这些鱼的"石化"过程:大约在亿万年前,在有机体腐蚀和其他化学作用下,海水中产生大量的氧化硅结晶体。一群群的鱼突然遭到某种外力的作用,例如大规模的火山喷发或是大地震,使鱼群死亡。氧化硅结晶体把死鱼包裹起来。开始时,鱼身上的硅化物呈膜状,可能并不厚,但随着时间的推移,硅化物越结越厚,把鱼从外面用石质全部套起来了。

古代鱼化石

但是,质疑也由此提出来了:假如这些鱼果真是在一次大的火山喷发中被"石化"的,那么,在这些化石中,为什么只有这一种鱼,而无其他海洋生物?而且,鱼是非常容易腐烂的有机体,为什么这些鱼能如此完好地被保存下来?

石鱼的存在说明了什么

这种鱼在马达加斯加岛上存在,而且数量那么多。那么,在别的地方是不是也会有这种鱼呢?果然,人们又在北海、格陵兰海和斯匹次卑尔根海岸的岩石中发现了这种石鱼。

人们把这几处发现的石鱼标本比较研究,发现它们之间很相似,不仅它们石化的时间差不多,其鱼类的类别也差不多。从今天的地理环境来看,北海和马达加斯加岛之间,相隔数千千米,可见,这种鱼在当时的古海洋中分布是很广的。

总鳍鱼是四足动物的祖先吗?

生命起源于海洋,并且在那里得到了发展,这早已是公认的事实。但是,生物只有摆脱了水的束缚,才能为其发展和进化开辟更为广阔的天地。因此,用四条腿走路的动物起源问题长期以来就为科学家们所关注,而且是争论不休。

← 如今保存在伦敦自然史博物馆内现代总鳍鱼的一种——印尼矛尾鱼,被认为是鱼类中的活化石。

四足动物的起源研究

四足动物是用肺进行呼吸的,因此它必须要有与外鼻孔相通的内鼻孔,这样才能使外面的空气顺利进入到肺,保证动物对氧气的需要。如果总鳍鱼类是四足动物的祖先的话,那么,在它的嘴里就应该有与外鼻孔相通的内鼻孔,这样才能进行呼吸。曾经有人认为,在总鳍鱼类这个大家族中,有一支具有用来进行呼吸的内鼻孔,即扇鳍鱼类。

引起争议的内鼻孔

科学家采用连续切片的方法,对在我国云南发现的扇鳍鱼类化石杨氏鱼的吻部进行详细的研究后发现:杨氏鱼的口腔没有内鼻孔。研究所取得的成果否定了扇鳍鱼类有内鼻孔的传统看法,这样就从根本上动摇了总鳍鱼类是四足动物祖先的地位。这是对这一传统的四足动物起源理论的一次真正挑战,在全世界地质学界和古生物学界引起了很大的震动。

因此,要解决四足动物起源的问题,除了深入开展古鱼类学的研究外,现代生物学的研究,如对现代四足动物的研究、对现代肺鱼和拉蒂迈鱼蛋白质分子序列的研究等,也许还能提供一些更为重要的线索。

究竟哪一种类才是四足动物的真正祖先,这个问题并没有结论,它仍然是科学家们十分感兴趣的问题。对此,人们必将提出各种各样的假说来替代旧的理论;新理论必将经受新的挑战。这样,人们才能更接近真理,这是科学发展本身的自然规律。

海底狮王大白鲨

大白鲨是海里最凶猛的动物，没有什么海洋动物能以它为食。那么，它到底是个什么样子呢？

凶猛的海底狮王

大白鲨体形庞大，它们拥有轻盈的软骨骨架，体长能达到 7 米。与非洲的狮子一样，它雄踞在食肉动物这座金字塔的塔顶，没有什么海洋动物能以它为食。

目前，已被确认为最大的大白鲨是 1984 年在澳大利亚西海岸捕捉到的，它的体长约 5.9 米。有关专家认为，大白鲨的最大体长可达 7.6 米，寿命可达 20 年或更长。

作为大型海洋肉食动物之一，大白鲨有着独特冷艳的色泽、乌黑的眼睛、锋利的牙齿和有力的双颚，这不仅让它成为世界上最易于辨认的鱼类，也让它成为几十年来极具装饰性的封面"人物"。

大白鲨广泛分布于世界大部分海洋中，它的主要栖息地是北美、南非和澳大利亚南部海域。在美国，它经常出没于北卡罗来纳州的哈特勒斯角与马萨诸塞州的科德角之间的大西洋沿岸，及沿着俄勒冈州到圣地亚哥州的太平洋沿岸。由于大白鲨喜欢单独活动，使得人们很难准确估计它的种群数量。尽管它的分布范围很广，但科学家认为，大白鲨的数量是很少的。

机敏的猎手

大白鲨 →

大白鲨是机敏的猎手，它具有双重性格，当处于非饥饿状态时，它便公开、悠闲地在其猎物中间游荡；而当处于饥饿状态时，大白鲨则潜到水底，隐藏在岩石群中，待时机成熟，突然窜出来，从底部袭击猎物。

虽然大白鲨十分凶残，但它很少袭击人。科学家认为，大白鲨袭击人是属于判断性的错误，它们误将落水者当作海豹，特别是那些身着黑色潜水服或游泳衣的人。

常走绝路的鲸

我们有时可以从电视里看到这样的场面：退潮后的海边浅滩上躺着许多鲸的尸体，就像搁浅的船一样。没有谁在驱赶，也没有谁在捕捞，鲸为什么自取灭亡地离开大海呢？

追食误入歧途

对鲸的"自杀"现象有一种说法是：鲸为了追食鱼群而游进海湾，当鲸向着有较大斜坡的海滩发射超声波时，回声往往误差很大，甚至完全接收不到回声，鲸因此迷失方向，从而酿成丧身之祸。

动物学家在鲸的耳内发现了许多圆形的昆虫，研究人员因此认为，耳内寄生虫可能是使一些鲸搁浅的罪魁祸首，它们破坏了鲸的回声定位系统，使鲸不能正确收听回声而误入歧途。

外界噪声影响

美国的一些科学家却认为，鲸集体自杀是由于水下爆炸、军舰发动机和声呐的噪声引起的。他们在分析了一系列鲸集体自杀事件后，发现了其中的共同点，但这也许是巧合。

至于鲸为什么会集体死亡，还有待科学家进一步研究。在目前来说，保护鲸的人们所能做到的，只是尽量把搁浅的鲸拖回大海，使它们继续自由自在地生活。

体形巨大的鲸每次跃出水面都会激起大片的水花。

解读奥秘世界

会"变脸"的章鱼

章鱼跟乌贼一样,属于头足类动物,因为它的脚也是长在头顶上的。不过,它只有八只脚,没有像乌贼那样专门用来捕捉食物的捉脚。它的脚很长,就像8条带子,所以,渔民们都把它叫做"八带鱼"。可是,你听说过章鱼还会"变脸"吗?

● "变脸"逃生的章鱼

澳大利亚海洋生物学家在印尼海域发现了一种特殊的章鱼,它在遇险时可乔装成其他海洋生物。这种章鱼是目前唯一被人们发现能乔装其他生物的海洋动物。

样子奇特的章鱼

这种章鱼能将其他生物模仿得惟妙惟肖,例如当它被小丑鱼袭击时,会将八条腕足卷成一条,扮成海蛇吓退敌人;或者收起腕足,模仿成一条全身长满含有剧毒腺的鱼,降低袭击者的胃口,从而脱身;再就是伸展腕足,扮成有斑纹和毒鳍刺的狮子鱼,使敌人望而生畏。

● 章鱼的自我防御

章鱼是很凶猛的动物,它具有强有力的脚和吸盘,在它的脚上长有附着力很强的大吸盘。如果我们捉到一条小章鱼,把它拿在手里,它马上就会用吸盘吸住我们的手,要想把它取下来还很费力呢!

章鱼的身体里面还有墨囊,而且所含的墨汁也是含有毒素的,不但可以用来防御敌人,而且还可以用来进攻敌人。

章鱼在休息的时候并不是全身一起休息,而是留有一条或两条长脚值班,不停地转动。尽管它的身体和其他脚感觉都比较迟钝了,但是,如果轻微地触动到它的值班脚,章鱼就会立刻跳起来,并释放出浓黑的墨汁,把自己隐藏起来。多年来,科学家一直在研究章鱼,以求了解如何制造具有章鱼腕足那样无限运动程度的机器手臂,以便通过更好、更柔软的机器手臂来完成医学和军事的高难度技巧。

由于章鱼有很好的防御工具,所以在海洋里,和它相同大小的动物都会受到它的侵害。就连体积最大、"装备"最好的螯虾,虽然身体的大小和章鱼差不多,但也难免要成为章鱼的牺牲品。

奋起救人的海豚

在人们的心目中,海豚一直是一种聪明、友善、神秘而又慷慨的动物。不过,人们对海豚最感兴趣的恐怕还是它那见义勇为、奋不顾身、慷慨救人的行为。关于海豚救人的故事流传了很久,远在公元前的希腊神话传说中,就有海豚救起落水人阿里翁的故事。

奇特的海豚救人事件

关于海豚救人的报道有很多。

1964年,一艘日本渔船在日本野岛附近海域沉没,船上10名船员中有6人淹死,其余4人在海豚的帮助下游回岸上,得以逃生。

1966年,保加利亚一艘货船上的一名船员不小心掉到海中。正在危急之中,一群海豚围了上来,把遇难船员托出水面成功救援。

1981年1月,一艘客轮在爪哇海航行时突然发生火灾。一对夫妇为了逃生,把3个孩子抛入海中。说来也巧,一群海豚游过来,把3个孩子托起来,直到被人救起。而这对夫妇却被大火烧死。

不仅如此,还有海豚从鲨鱼口中救人的报道。一对夫妇正在墨西哥海湾潜水,突然两条足有4米长的虎鲨向他们游来。正在此时,一只海豚冲了过来,与虎鲨展开厮杀。结果这对夫妇得救了。在澳大利亚、东南亚、中美洲沿岸的海域都发生过这种情况。

与人类和谐共处的海豚 →

海豚救人之谜

据此,海洋动物学家认为,海豚救人的美德来自于海豚的天性。

原来,海豚是用肺呼吸的哺乳动物,它们在游泳时可以潜入水里,但每隔一段时间就得把头露出海面呼吸,否则就会窒息而死。因此,凡是在水中不积极运动的物体,几乎都会引起海豚的注意和热忱的帮助,成为它们的"救援"对象。一旦海豚遇上溺水者,误认为这是一个漂浮的物体,也会产生同样的推逐反应,从而使人得救。但同时,海豚与人类一样也有认知能力,在大多数情况下,海豚都是将人推向岸边,而不是推向大海。

海豚智力之谜

提起海豚，人们自然会想到它拥有超常的智慧。在水族馆里，海豚能够按照训练师的指示，表演各种美妙的跳跃动作，它似乎能了解人类所传递的信息，并采取行动。人们不禁惊叹，这美丽的海洋动物居然如此聪明。那么，海豚的智慧和能力究竟高到什么程度？它们和人类之间的相互沟通有没有日益增进的可能呢？

海豚的思维能力

根据观察野生海豚的行为以及海豚表演杂技时与人类沟通的情形，人们发现海豚的适应及学习能力都很强。海豚能做出各种难度较高的杂技动作，显然是一种相当聪明的海中动物。但是，海豚是否能利用语言或符号等象征性事物进行抽象的思考呢？

目前，尚无法证明海豚可以运用语言或符号进行抽象式的思考。不过，即使没有科学上的确凿证据，也不能就此认为，海豚没有抽象思考能力。

正在表演的海豚

倘若海豚真的具有抽象思考能力，那么它究竟是如何运用这种能力的呢？而其程度又是如何？这些都是饶有趣味的问题。但现在，想找出这些问题的答案并不容易，因为，即使是人类所拥有的智慧，也还有许多未知之处。

探索海豚智能的方法

因为生活的环境不同，相互接触的机会不多，因此人类对海豚潜在能力的了解是很有限的。目前，大多数科学家都采用下列两种方法：一是根据海豚解剖学上的特征来推算海豚的潜在能力；二是实际观察野生海豚的行为，并从行为目的与功能方面着手，推测其智力的高低。

人类与海豚的关系

研究人员在调查野生海豚时发现，通常一开始海豚都不愿意靠近人，似乎意识到陌生物体的存在。但当察觉人类并无敌意后，海豚的戒备之心逐渐下降，甚至可近到伸手可及的距离。

鸟类起源之谜

树有根,水有源,同样,鸟类也有它的起源。那么,最早的鸟是怎样的呢?关于原始鸟类起源,形成了众多学派,但真正在学术界有影响的学说主要有三种:槽齿类起源说、鳄类起源说和恐龙起源说。

← 为鸟类起源于恐龙提供了重要证据的始祖鸟复原图

槽齿类起源说

这种假说是由南非著名古生物学家罗伯特·布罗姆在20世纪初提出的。他认为,鸟类起源于原始的槽齿类爬行动物,该爬行动物主要出现在三叠纪时期。由于其年代较恐龙还早,被认为不仅是鸟类,而且是包括恐龙在内的多数爬行动物的祖先。

布罗姆的理由就是,翼龙和兽脚类恐龙都太特化,不可能是鸟类直接的祖先,行进在各自进化道路上的恐龙和鸟类,形成的某些特征已具有不可逆转性。这一观点在20世纪盛行了近半个世纪。

鳄类起源说

这种假说出现得较晚,也常被称为"鸟类的鳄类起源假说"。这一假说是英国学者沃尔克在1972年提出的。他认为,鸟类和鳄类组成一个单系类群。

恐龙起源说

始祖鸟的骨骼解剖特征为鸟类起源于恐龙提供了重要证据。但是,会飞的鸟类是如何由爬行的恐龙进化而来的,却使得科学家们为之争论了100年之久。近20年来,科学家对鸟类、恐龙及有关的爬行动物的演化关系,进行了分析研究,一幅从兽足类进化到鸟类的谱系进化图被描绘出来。特别是近年来,在中国辽西发现的中华龙鸟,为此提供了有利的证明:鸟类起源于恐龙。

候鸟为何迁徙

到了秋天，许多在北方繁殖的鸟类带着幼鸟成群结队地飞往南方过冬；第二年春天，它们再返回北方产卵育雏。鸟类的这种由于季节周期性的更替而在繁殖区和越冬区之间所进行的一年两次的移居现象，称为迁徙。

什么叫候鸟

候鸟是随季节不同，沿着固定的路线在繁殖区和越冬区之间移居的鸟类。对一个地区来说，夏季迁来繁殖，秋季飞到南方越冬的鸟类称为夏候鸟，如杜鹃、家燕、黄鹂等；冬季飞来越冬，春季北去繁殖的鸟类称为冬候鸟，如雁、野鸭、鹤等；夏季在北方繁殖，冬季在南方越冬，在春秋季节南北往来迁徙时，路过本地的鸟类称为旅鸟，如沙锥、柳莺等。

由于我国地域辽阔，南北气候相差悬殊，有些鸟类，如丹顶鹤、白骨顶、凤头麦鸡等，在我国北方是夏候鸟，在南方则是冬候鸟，因此候鸟的划分随地区而有不同，并非固定不变。

↑ 候鸟迁徙时的壮观场面

候鸟迁徙的原因

经研究发现，形成候鸟迁徙现象的主要原因不外乎三种情况：一、冰川时期的影响。在冰川时期，地球北大陆多被冰川覆盖，大批昆虫、植物死亡，鸟类为了生存，多次被迫向南方迁飞，冰川融化后再迁回出生地，久而久之，就形成了鸟类的本能并被遗传下来。二、繁殖地的选择。鸟类的繁殖地需要具备丰富的食物和必要的安全条件，越冬地不适宜营巢繁殖，所以每到春天，它们又返回故乡。三、生理上的刺激。鸟类的迁徙，在很大程度上是体内所产生的内分泌刺激的结果。

鸟类迁徙的路程很长，但飞行路线固定不变，也不迷失方向。关于鸟类的空间定向和导航问题，有人提出，鸟类能根据地球的磁场来定向。现在人们正在使用现代技术，对迁徙的定向导航进行研究和探索。

离奇的企鹅起源

企鹅是自然界中最令人喜爱的动物之一,是南极的土著"居民",人们把它看作是南极的象征。那么,南极企鹅的老家在什么地方?企鹅的祖先会不会飞?企鹅是由什么动物进化来的?这些问题迄今为止仍然是个谜。

南极的企鹅家族

企鹅是一种奇怪的动物,它长着鸟的头和喙却不会飞,在陆地上步履蹒跚,可一到海里就像活蹦乱跳的鱼,能以每小时18千米的速度在水中遨游。所以,早期的人们都把它当作鸡、兽或长了羽毛的鱼。甚至有不少人认为,企鹅代表着鱼和鸟之间的过渡类型。

世界上约有20种企鹅,全部分布在南半球,以南极大陆为中心,北至非洲南端、南美洲和大洋洲。据估计,南极企鹅约有几十亿只,是南极洲鸟类中最大的宗族。南极企鹅的共同形态特征是:躯体呈流线型,背披黑色羽毛,腹着白色羽毛,翅膀退化,呈鳍形,羽毛为细管状结构,披针型排列,足瘦腿短,趾间有蹼,尾巴短小,躯体肥胖,大腹便便,步履蹒跚。

企鹅是如何来的

有科学家认为,南极的企鹅来源于冈瓦纳大陆裂解时期的一种会飞的动物。在大约距今2亿年前,冈瓦纳大陆开始分裂和解体,南极大陆被分裂出来,开始向南漂移。此时,恰巧有一群会飞的鸟在海洋上空飞翔,发现漂移的南极大陆是一块王道乐土,于是降落在这块土地上。然而,好景不长,随着这块大陆的南移,离温暖的大陆越来越远,它们想飞离这块地方已不可能了,只好在这块土地上安分守己地呆下去。随着岁月的流逝,终于变成如今的企鹅。

最大的企鹅——帝企鹅

解读奥秘世界

 # 为什么北极没有企鹅？

虽然地球的南极和北极在纬度上是对称的，也都是终年严寒、半年处于黑暗之中，乍看起来条件极为相似，但是，在南极地区生活着企鹅，而北极地区却没有，这是为什么呢？

气候限制行动

科学家认为，这还得从它们的祖先说起。企鹅的祖先是管鼻类动物，它们是从赤道以南的区域开始发展起来的。动物学家推测，它们那时选择南下而没有继续向北挺进，是因为在企鹅决定发展方向这一问题时，它们的生理特点决定了它们必须生活在较冷的水域。而热带炎热的气候阻挡了它们北上的道路，特别是它们无法忍受热带的暖水。就这样，温暖的赤道水流和较高的气温形成了一个物理屏障，使惧热的企鹅不能游过它。从企鹅分布的情况看，它们分布的最北限是年平均气温20℃的区域，与动物学家的推测是颇为吻合的。

大企鹅灭绝的缘由

考古学家曾经在北极地区找到过一种已经灭绝了的鸟类骨骼，与企鹅极其相似，研究者们称之为"大企鹅"。这种大企鹅的骨骼结构显示，它们也有着笨拙摇摆的行走方式，而在海中也同样善于游泳，与现代的企鹅相差无几。大约1000年前，北欧海盗发现了这种大企鹅。

北极熊

北极熊又名白熊，与所处的环境相协调，它全年都披着一件白色的外衣，有鼻子是黑的。北极熊的头部、吻部和颈部都呈细长形，两耳又小又圆。公熊体形很大，最重的可达750千克。雌熊约比公熊小1/3。北极熊是仅次于阿拉斯加棕熊的陆生最大食肉动物之一，分布于北极及其附近国家。北极熊栖居在北极附近海岸或岛屿地带。

↑北极熊

085

致人死命的蝴蝶

大家都认识美丽的蝴蝶吧！蝴蝶是一种昆虫，和那些凶猛的野兽相比，它们就显得非常非常的弱小。然而，在自然界却有一种能吃人的蝴蝶，很恐怖吧？

↓ 这么美丽的蝴蝶家族中竟然也有杀人魔头？

蛇蝎美蝶

一次，一支由 10 人组成的科学考察队从巴黎出发，到巴西北部山区进行动物习性考察。一个雨后天晴的下午，有个叫哈尔德的队员在途中掉队。到傍晚的时候，队员们才在路边草丛中找到他的尸体，而在尸体周围飞舞着一群颜色艳丽的蝴蝶。看着哈尔德的遗体，考察队员们感到很奇怪：他是怎么死的？好在他们都是动物学家，又都掌握一些医学知识，于是就对哈尔德的死因认真研究起来。

蝴蝶吃人的秘密

为了进一步进行研究，考察队员们捉住了几只蝴蝶，将它们和老鼠关在一起。当蝴蝶进攻老鼠时，他们就对被啃过的鼠皮进行化验，终于把这个谜底揭开了。

原来，这种蝴蝶的唾液里含有一种剧毒物质。当它们咬了人或动物后，这种剧毒物质就进入人体或动物体内，先使人或动物失去知觉，然后致死。因此，考察队员们把这种蝴蝶称为"吃人蝴蝶"。

蚊子叮咬人的奥秘

天气越来越热时，烦人的蚊子也越来越活跃。如果我们站在河边或树林边上，很快就会受到蚊子的攻击。蚊子靠什么才能很快地发现我们在哪里呢？

是什么吸引了蚊子

在20世纪20年代，昆虫研究人员就已经知道，人与动物呼出的二氧化碳对蚊子有吸引作用。1968年，美国农业服务处昆虫研究中心的艾克瑞等人发现，汗液中的乳酸能吸引蚊子。但是，这两种化合物单独使用或混合使用，都没有人的手臂对蚊子的吸引力大。这证明，一定还有其他化合物是蚊子的引诱剂。

20多年前，昆虫研究中心的技术人员就已经发现，当用手触摸玻璃时留在玻璃上的残留物能吸引蚊子。擦上汗迹的培养皿，对蚊子的吸引作用能保持长达6个小时。他们用这种诱饵来代替人的手臂作为标准，对每个成分的引诱性能进行比较试验。经过对汗液挥发物成分与含量进行大量的组合匹配试验，他们发现乳酸、丙酮和二甲基二硫醚的混合物对蚊子有特别强的吸引作用。

↑叮人的蚊子

蚊子喜欢叮什么人

当几个人同住一个有蚊子的房间里时，经常是有的人被蚊子反复叮咬，而有的人却很少被蚊子叮咬，这是为什么呢？美国农业服务处昆虫研究中心蚊蝇部经过30多年的不懈努力，终于揭开了这个秘密。原来，大多数人身上排出的代谢物成分基本上是相同的，但每个化合物的量则因人而异变化很大。蚊子喜欢叮那些能排出对它们有吸引力的化合物的人。这也就说明了，为什么蚊子在叮咬人时有不同的喜好。这一研究成果将有助于灭蚊研究的进展，开发出更多、更安全的驱蚊剂。

未卜先知的动物

动物预报地震,自古就有。动物预报地震,不仅给预报地震的各种微观手段增添了生力军,而且常能取得令人满意的效果。不过,动物在地震前为什么会有异常反应还是个谜,还有待于深入研究。

← 在地震前,多数家禽、家畜等都会表现出极度的不安。

动物预报地震的佳话

近代以来,动物预报地震为人们大量采用。

1942年,菲律宾塔尔大地震前约半小时,狗、猫、牛、羊齐声嚎叫,惊醒了熟睡的居民,使不少人免受这次地震的灾害。

1972年,马那瓜发生6.2级地震前,该市内孤儿院饲养的猴子大肆骚乱。院长见此情景,认为要发生地震了,迅速将孤儿带到屋外,使孤儿们幸免罹难。

1975年2月4日,我国辽宁海城发生7.3级地震,震前广大群众发现鸡、鸭、猪、羊等20多种动物的活动出现异常情况,纷纷上报地震部门,为地震部门及时做出临震预报提供了重要的依据。这次地震的预报成功,震动了世界,并且传为佳话。

动物未卜先知之谜

据生物学家介绍,爬行动物预报地震有别于仪器,它们的预报从未出过差错。

为什么动物对地震能够"未卜先知"呢?科学家们经过长期观察研究后发现,原来,一些动物的听觉大大优于人类的听觉。但如果地震前天气骤变,如突然下大雨、刮大风,带电微粒无法保留,动物接触不到它们,就会无法"预报"地震了。

对动物与地震关系的研究还处于探索阶段,只能作为预报地震的参考,只有结合其他地震的前兆现象加以综合分析,才能得出正确的结论。

动物的浪漫爱情

解读奥秘世界

动物们的爱情五花八门，有的以美貌诱来爱人，如孔雀开屏；有的以力的较量来赢得爱情，如羚羊的爱就是靠头上的角打拼而来的。

为爱打拼

说起羚羊争爱，完全可以用惨烈来形容。往往三五只公羚羊会为了一位羚羊小姐角斗，实行单循环制比赛，谁输了就到一边去，胜出的与新来的再战，往往从山上打到山下、悬崖边……那角架的碰撞声、格斗声让人听了多有不忍，但羚羊小姐却不为所动，似乎还挺陶醉的。

↑ 为争夺配偶而厮杀的雄羚羊

歌声定情

古往今来，姑娘们往往被小伙子的深情歌声打动芳心。而科学家最新研究发现，老鼠也不乏浪漫情怀。面对心仪对象，公鼠也会大唱情歌。人们早就知道，面对异性，公鼠会高声尖叫。如今科学家利用最先进的计算机分析系统发现，那绝非随意喊叫，而是充满爱意的情歌。

爱情美餐

与上述的几种动物相比，螳螂先生的爱情可以称得上是惊心动魄，而且，螳螂先生对爱情也最具有奉献精神。

螳螂先生通常会"拿着"小昆虫等礼物向螳螂小姐求爱，小姐在接受求爱后，竟然会在交配后，甚至是交配过程中把螳螂先生当作美餐享用，也就是说把自己的心上人活活吃掉！而看起来螳螂先生是自愿的，因为它在被吃的时候不作任何反抗。

动物的"优生优育"

生活在野生世界的动物,生存斗争极为残酷,适者生存,不适者淘汰,没有一点儿怜悯。生物学家发现,一些动物为了更好地生存,居然也能采用"计划生育"和"优生优育"的办法来适应环境,有些方法简直令人惊讶。

计划生育的动物

瑞典南部生活着数量众多的野兔和以野兔为食的红狐。一旦某段时间里野兔的数量明显减少时,红狐们并不"背井离乡、远走高飞",也不坐以待毙,而是减少交配次数,采取积极的节育措施来减少本族的数量。

栖息在埃及尼罗河两岸的非洲大象

栖息在埃及尼罗河两岸的非洲大象,它们能根据实际情况决定繁殖的数量。生活在这里的大象与河对岸的大象虽是同一种类,但它们要隔9年才生育一胎,以降低"象口"密度来保持食物的供需平衡。

非洲羚羊也懂得"计划生育",其方法令人叫绝。有的母羚羊因一时疏忽怀胎过早,分娩时将是寒冬腊月,对小羚羊的成长极为不利。母羚羊为了不使小宝宝一生出来就面临饥寒交迫的困境,它们竟能忍受艰苦的"负重",把即将分娩的胎儿留在腹内,推迟分娩时间。

优生优育的措施

日本科学家对日本各地的一些猴群进行长期跟踪,发现几乎所有的雄猴到了性成熟时,都要从群体中离开,到别的猴群寻找配偶,成为人家的"上门女婿";而雌猴一直留在群内,直到老死。

生长在内蒙古北部草原的野盘羊,身躯健壮,个性凶猛。这种野盘羊本能地忌讳"近亲结婚",即使在找不到同类异性的情况下,它们也不会马虎行事。雄性野盘羊如找不到合适的雌性野盘羊,就混入家羊群中当"上门女婿"。这样产下的小羊具有家羊和野羊的双重优势。

解读奥秘世界

 # 动物的再生术

很多人都疑惑,将一条蚯蚓在中间切成两段,它不但不会死去,相反,会变成两条完整的蚯蚓。同样的还有蜥蜴断尾自救等。原来,这些动物都是特殊的再生动物。

🟠 什么叫再生

再生是生物界普遍存在的现象。那么什么叫再生呢?生物体的整体或器官受到外力作用,发生创伤而部分丢失,在其剩余部分的基础上,又生长出与丢失部分在形态和功能上完全相同的结构,这一修复过程称为再生。

↑断成两截的蚯蚓可以重新长成两条蚯蚓。

大体看来,高等动物的再生能力低于低等动物,比如哺乳动物的再生能力很弱,但肝脏仍具有创伤修复能力。植物的再生能力又强于动物。植物的任何一部分,甚至单个二倍体细胞或单倍体孢子,都具有长成完整可育植株的能力。在动物中,海绵的再生能力与植物相仿,水螅再生能力强,水母则弱一些。

🟠 动物再生术之谜

研究哺乳动物再生的机制和激发再生潜能具有重要意义。哺乳动物的某些体细胞,存在着去分化的能力。在再生过程中,有些细胞首先发生去分化,然后发生再分化,这样,就生长形成已失去的器官或组织。

例如蝾螈,当切除蝾螈的前肢之后,伤口处细胞通过变形运动移向伤口处,形成单层细胞封闭伤口,这层细胞称为顶帽。顶帽下方的细胞迅速去分化,失去了分化细胞的特性,并彼此分离,从而形成了一团没有差异的去分化细胞。这群细胞和顶帽共同组成的结构,被称为胚芽。在胚芽内部,由于缺氧,pH值下降,提高了溶酶体酶的活性,促进了受伤组织的清除。胚芽细胞加快分裂和生长,再生开始。当胚芽细胞分裂和生长减慢后,细胞就开始再分化,肢体中形成骨骼和肌肉,直至再生完成。

相信随着科学的发展,人类的再生术也可以大大提高。

植物也吃肉？

我们常见的是动物吃植物，还没听过有植物吃动物的。其实，吃动物的植物大约有500种。下面就来见识一下这些植物的真面目吧！

↑↓ 同样具有吃肉特性的植物猪笼草（上）和茅膏菜（下）

卷住不放的奠柏

虽然绝大多数植物只能吃一些细小的昆虫，不过也有一些树会吃高级的动物，如生长在印度尼西亚爪哇岛上的奠柏，它高八九米，长着很多长长的枝条，垂贴地面，有的像快断的电线随风摇晃。如果有动物不小心碰到它，树上所有的枝条会像魔爪似的向同一个方向伸过来，把"猎物"卷住，而且越缠越紧，使它脱不了身。而同时，奠柏的树枝很快就会分泌出一种黏性很强的胶汁，能将动物牢牢地粘住，置于死地。

缠人的"蛇树"

同样，在非洲马达加斯加岛有一种会吃人的树。它的形状像一棵巨大的菠萝，高约3米，树干呈圆筒状，枝条如蛇样，因此，当地人称它为"蛇树"。

美国植物学家里斯尔曾在1937年亲身感受到蛇树的威力。他的一只手在无意中碰到树枝，手很快就被缠住，结果费了很大力气才挣脱出来，但手背上被拉掉一大块肉。

它们为什么会吃肉

根据科学家的分析，这些食肉植物一般依靠的武器只是叶子上或枝条上分泌出的消化液。这些食肉植物大多生长在雨水较少和缺少矿物质的地带。这些地区土壤呈酸性，缺少氮素养料，因而，使得这些食肉植物根部的吸收作用不大，甚至退化。为了获得氮营养，满足生存的需要，这些植物就逐渐变成食肉的植物了。

挂满面包的树

解读奥秘世界

如果树上能长出"面包"来，那真是一件非常快乐的事情，这样就不用花钱去买面包了。在家里种上一棵这样的树就不愁饿肚子了，岂不很好？这并非天方夜谭，南太平洋岛上的居民家里就种这种实用的"面包"树。

← 太平洋岛上生长着大量的面包树

"面包树"上的面包能吃

吃面包对于南太平洋岛屿上的一些居民来说可是方便事。人们在自己住宅的前前后后都种上了面包树。据说，一棵面包树所结的面包果就能养活 1~2 人。在面包果成熟的时候，人们只需将从树上摘来的成熟果实放在火上烘烤，待烤至黄色时，就可以食用了。

当你用手掰开烤熟了的面包果时，乳白色果肉发出的阵阵香味扑鼻而来。这种烤制的"面包"松软可口，酸中有甜，其风味很像商店里出售的面包。你千万别小看这种天然"面包"，它的食用价值还挺高，可与山芋相比。它含有大量的淀粉、少量的脂肪和蛋白质，还含有丰富的维生素 A 和维生素 B。面包果除了可以直接烤食以外，还可以用来制作果酱或酿酒。

怎么样？这种吃法是不是比我们用面粉加工面包简单、方便多了？

面包树的真面目

面包树是一种四季常青的乔木，高 10 米多，树干粗壮，枝叶繁茂。它的叶子很大，羽状深裂，是一种天然的艺术品。叶子基部绿色，中间黄色，叶尖绛红，当地居民常常用它的叶子编织成自己喜爱的漂亮帽子。一棵面包树在一年之中分批结果，依次成熟。它可以在 1 年之中，向人们无偿地提供 3 次成熟的面包果。每棵树可以向人们提供面包果 60~70 年。面包树真可以说是一座天然的面包坊了。

奇妙的产油树

自 1973 年以来，科学家不断发现产油树。这些产油树产的油有的能直接用来发动汽车，有些简单加工提炼之后就可以作为燃料油。产油树的发现大大缓解了世界能源紧张的问题。

🔶 麻疯树

我国南海沿岸的沙滩上，生长着一种树，因其树干上长有疙瘩，而被人起了一个不雅之名——麻疯树。它的果实如同桐油子，含油率高达 50%~80%。通过改造麻疯树基因中的"碳链"，就可生产出各类不同黏性的工业用油。一般每亩可提炼 500 千克柴油。

↑ 产油椰树

🔶 桉树

近年来，美国与日本合作，进行"燃油树"的研究，发现桉树是一种很好的"石油树"，1 公顷桉树一年能产"石油"90.92 升。

世界上现有的 600 多种桉树中，含油率高的有 50 种左右，其中以辐射桉的含油率最高，为 4.2%。实验证明，桉油不仅是石油的代用燃料，而且是一种优质"绿色石油"。

🔶 椰树

盛产在热带地区的椰子树，其椰油就是一种很好的燃料。但由于椰油比其他燃油较黏稠以及含有杂质水分较高，所以，要在发动机上装上一个小巧的预热器和过滤器，使椰油进入发动机前降低油的黏性和杂质。

南太平洋岛国瓦努阿图的首都维拉港，有一位叫托尼·狄墨的机械师，他将汽车的柴油发动机稍微改装，利用椰油代替柴油驾车，行驶在郊外崎岖的山路上，非常顺畅。

三月轻风中的舞蹈仙子

提起水仙花，有谁会不喜爱？它被誉为植物界的"扭摆舞冠军"。英国著名的大诗人威廉·华兹华斯在诗中曾经赞叹水仙花在风中的舞姿，而英国著名的剧作家莎士比亚也曾赞美"水仙花在三月轻风中的美妙姿态"。可是你知道为什么水仙花这样迷人吗？

水仙花"跳舞"之谜

在波士顿举行的国际材料研究大会上，美国杜克大学的生物力学专家史蒂文·沃戈道出了水仙花擅长在风中舞蹈的秘密。

原来，植物不可过度折腰，否则，它们将变成永久的"驼背"。因此，植物采取了另外一种对付强风的策略——"扭曲"。许多植物的茎叶软而细长，好让风擦身而过，避免像风帆一样正面迎风。水仙花的茎干横截面呈三角形，这可以帮助它们在风中侧身，避免被折断。也因为如此，水仙花被我国的诗人们美誉为"凌波仙子"。

其实，自然界中许多长而纤细的结构都具有优良的扭转性能。鸟的羽毛茎干的中央有一个凹槽，帮助旋转。昆虫的翅膀在向下拍动时会发生扭曲。而水中的海笔，则像兔子耳朵一样矗立在海床上，它们的关节扭转灵活，却不会弯折。这种构造帮助它们面对水流，过滤水中的食物。

↑ 会"跳舞"的水仙花给建筑大师带来启示。

水仙花的启示

别小看水仙花和它的朋友们的这些扭曲，它们对人类很有启示意义。人类工程师们绝对不希望他们设计的大楼或桥梁发生扭转，然而不幸的是，波士顿高耸入云的约翰·汉考克大楼是细长的玻璃和钢建筑，两条凹槽顺楼侧面而下，它们起到了羽毛主干中央凹槽的作用，遇到强风时就会发生扭转。为此，不得不在顶层加压了两块300吨的重物，才算解决了这令人不安的扭曲运动。沃戈很不客气地评论说："汉考克大楼的设计师，显然没有研究过水仙花的舞蹈。"

植物王国的数理奥秘

要说植物会做数理题,那是不可能的。然而,在植物王国里,却蕴藏着许多数理奥秘,而这些数理对人类的科学发展起到了很大的借鉴作用。

笛卡儿叶线

著名的数学家笛卡儿通过对茉莉花瓣和叶片轮廓曲线的研究,列出了 $x^3+y^3-3axy=0$ 的方程,这就是现代数学中有名的"笛卡儿叶线",也叫"茉莉花瓣曲线"。其他一些植物的叶片的形状,也可以用一定的数学公式来描述,例如睡莲的叶子形状就是一个较为复杂的高次方程。

车前草与黄金分割

车前草的叶片排列得十分巧妙,不仅呈螺旋形排列,而且相邻叶片之间的夹角为137°30′,这正好是圆的黄金分割的张角。其叶片如此排列,既不相互重叠,又能最大限度地获得阳光,结果,就大大提高了光合作用效率,合成出更多的有机物。建筑师们根据这一原理,设计建造了现代化的螺旋式高楼,使每个房间都能达到最佳采光效果。

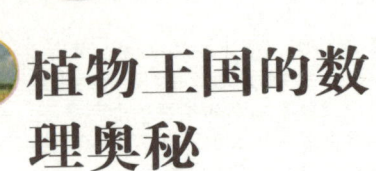

↑ 金黄的麦田

小麦茎秆与电线杆

小麦茎秆的坚固程度更是令人吃惊。它虽然细而中空,却能牢固地支撑着比本身直径大200~300倍的高度和沉甸甸的麦穗。根据力学原理,中空的茎与同样粗度的实心茎相比,两者的支撑能力是相等的。小麦茎秆的这种中空结构,耗费最少的材料而获得最大的坚固性,是多么的巧妙啊!现在人们使用的中空电线杆,正是仿照小麦茎秆制作的。

植物可以自己改变遗传密码

解读奥秘世界

19世纪的奥地利学者孟德尔在种植豌豆时总结出来了经典遗传定律,即子系植物只是简单地继承和综合此植物父系的遗传密码。

然而,事实并非如此,植物可以对遗传密码进行改变。

偶然的发现

美国普渡大学的罗伯特与他的同事在一次偶然的机会中发现:水芹可以携带两份基因。在水芹的变异实验过程中,当父系水芹的花瓣及其花器凝聚时,只有部分子系水芹出现正常的凝聚。

他们在对其他大量植物进行同样的实验后发现,这些植物基本上都有一种备份机制,这种机制可以让动植物绕开由父系遗传的不健康的基因,取而代之的是祖系中健康的遗传基因,从而帮助它们维持正常的基因序列。

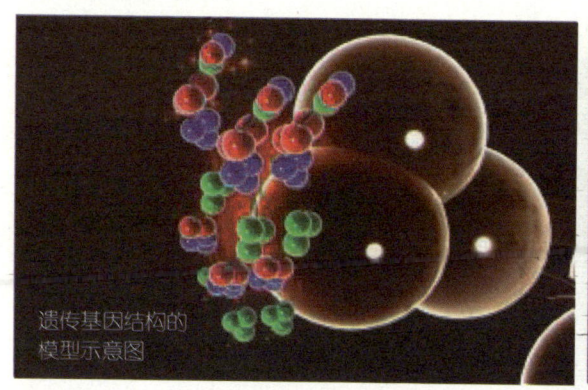

遗传基因结构的模型示意图

↑ 遗传学之父——孟德尔

为什么会改变遗传密码

据罗伯特推测,这些植物有可能存有未被发现的核糖核酸(RNA)分子,这些核糖核酸分子作用于出现异常的脱氧核糖核酸(DNA),随脱氧核糖核酸一起被传到下一代中,并起到改写异常基因的作用。罗伯特推测说,这种基因改写机制在正常情况下极少发生,只有当植物在特殊的环境中生长时,这种机制才有可能被激活。

植物生长素的奥秘

种子播种后,为什么会萌芽生根、抽枝长叶、开花结果?长期以来,这一直是个谜。而这个谜底就是生长素。

生长素是个什么物质

植物的生长是由细胞分裂和细胞体积增大而引起的。可是,是什么物质促使细胞分裂,使植物生长的呢?

植物学家们发现,植物的茎尖内存在着一种能够控制植物生长的化学物质。后来,科学家从植物体内把这种物质提取出来,把它命名为"植物生长素"。

生长素在植物体内的含量较少,且多集中在各生长部分的顶端。它有一个奇怪的特点,就是浓度不能过大,否则会抑制植物的生长。由于生长素本身是害怕阳光的,见到阳光就躲避,溜到避光的一面去。所以背光一面生长素多,长得就特别快,而向光的一面就长得慢些。这样,植物就向生长得慢的向光面弯曲。

菠萝植株

生长素与植物生长调节剂

植物生长素具有无污染、效率高等优点,为了使生长素为农业生产服务,人们通过试验,制造了许多类似天然植物生长素的物质,能对植物的生长起刺激作用,这些人工合成的类似物叫植物生长调节剂。

植物生长调节剂应用于农业生产具有以下几个功效:

其一,可促进生根较难的植物的插枝生根。

其二,可以增加坐果率、疏花疏果,形成无籽果实。

其三,可以延迟器官脱落。

其四,用生长素处理菠萝植株,可使植株结果和成熟期一致,以便于管理和采收,也可使一年内各月都有菠萝成熟。

植物种子如何传播

植物传播种子的方法不仅多，而且有趣。春天柳絮四处飞扬，你知道柳絮飞扬的奥秘吗？抓一团柳絮仔细观察，会发现里面有些小颗粒，那就是柳树的种子。柳树就是靠柳絮的飞扬，把种子传播到四面八方的。下面就让我们一起去探究植物王国种子传播的奥秘吧。

随风飞扬式的传播

春天时，柳絮漫天飞舞，如果你抓一团柳絮就会发现，在轻盈的柳絮里面有些小颗粒，那是柳树的种子，柳树就是靠柳絮的随风飞扬把种子传播到远处去的。

杨树也是靠杨絮传播种子的。当雌杨的果子成熟时，果子开裂，杨絮就四处飞扬。大街上杨絮到处散播会造成环境污染，因此，人行道上应种雄株杨树，不能种雌株杨树。

菊科植物蒲公英的瘦果，成熟时冠毛展开，像一把降落伞，随风飘扬，把种子传播到远方。

弹射式的传播

也有的植物靠机械方式将种子散播出去，酢浆草便是其中一例。它是一种很普通的野生杂草，开小黄花，花后结出五棱的蒴果。成熟时，果实沿室背开裂，果壳卷缩将种子弹出，抛射至远处。

凤仙花的果实会弹裂，把种子弹向四方，这是机械传播种子的又一例。

最有趣的要数喷瓜了。当喷瓜成熟时，稍有触动，此"瓜"便会脱落，并从顶端将"瓜"内的种子连同黏液一起喷射出去，射程可达5米以外，喷瓜也因此而得名。在大自然中，喷瓜传播种子的本领已经达到了登峰造极的水平。

粘连式的传播

苍耳的果实上长着毛刺，这些毛刺顶端带有倒钩，可以牢牢钩住人类的衣服、动物的皮毛，且不易脱落。一旦不小心被苍耳的果实沾上，那么，你便成了为它传播果实的"大使"了。类似苍耳这样传播种子的植物还很多，在草原牧区，这种植物对毛纺织业是一大害，羊毛中夹有这种植物的刺毛，会大大降低成品质量，因此毛纺工业有捡毛刺的工序。

植物睡眠之谜

"知了也睡了,安静地睡了",这是梁静茹在歌里唱的"宁静的夏天"的情况。知了都能呼呼地睡了,那么,知了所依傍的大树是不是也睡了呢?它啊,肯定也睡了……嘘!别吵到它们,让我们看看它们植物家族的成员都是怎么睡的吧。

← 能睡眠的含羞草

千姿百态的植物睡眠

合欢树的叶子由许多小羽片组合而成,在白天舒展而又平坦,可一到夜幕降临时,那无数小羽片就成对成对地折合关闭,全部合拢起来。

红三叶草是开着紫色小花、长着三片小叶的植物。它们在白天有阳光时,每个叶柄上的三片小叶都舒展在空中;到了傍晚,三片小叶就闭合在一起,垂下头来准备睡觉。

在水面上绽放的睡莲花,每当旭日东升之际,它那美丽的花瓣就慢慢舒展开来,似乎刚从酣睡中苏醒,而当夕阳西下时,它又闭拢花瓣,重新进入睡眠状态。由于它这种"昼醒晚睡"的规律性特别明显,才得此"睡莲"的芳名。

会睡觉的植物还有很多很多,如花生、酢浆草、白屈菜、含羞草、羊角豆等。

植物为什么睡眠

20世纪60年代,随着植物生理学的高速发展,科学家们开始深入研究植物的睡眠运动,并提出了不少解释它的理论。

首先是"月光理论"。提出这个论点的科学家认为,叶子的睡眠运动能使植物尽量少遭受月光的侵害,因为,过多的月光照射可能干扰植物正常的光周期感官机制,损害植物对昼夜长短的适应。

可是许多没有光周期现象的热带植物同样也会出现睡眠运动,这一点用"月光理论"就无法解释了。

后来科学家们又发现,有些植物的睡眠运动是由于叶柄基部的一些细胞的膨压变化引起的。例如,合欢树通过叶子在夜间的闭合,可以减少热量的散失和水分的蒸腾,起到保温保湿的作用。而且,在遭遇大风大雨袭击时,它的叶子也会渐渐合拢,以防柔嫩的叶片受到暴风雨的摧残。

解读奥秘世界

植物发光的奥秘

日常生活中，发光的东西很多，电灯会发光，电视会发光……在自然界中，星球会发光，甚至还有发光的动物，如萤火虫。可是发光的树你见过吗？发光的藻类你知道又是怎么一回事吗？

最为人们所熟知的发光生物恐怕就要算是萤火虫了。→

发光的柳树桩

江苏丹徒曾发生过这么一件事：一些柳树桩能够在夜晚产生一种幽幽的浅蓝荧光。刚开始发现这种现象时，人们都觉得很奇怪，不知道为什么。

科学家们对柳树进行了"体检"，并从它身上刮取了一些物质进行培养，结果培养出了一种叫假蜜环菌的真菌。原来，会发光的不是柳树本身，而是柳树桩已被假蜜环菌所寄生。假蜜环菌的菌丝侵染了木材纤维以后，还分泌出一些能分解木材的酶。这些酶可以将纤维素、木质素转化为真菌，能够吸收小分子物质，像葡萄糖、酚类等各种营养物质。假蜜环菌的菌丝细胞得到这些食物后，就开始不停地繁衍、长大，同时积累大量能够用来产生荧光的物质。这些带荧光的物质，在荧光酶的催化作用下进行生物氧化，并把化学能转化为光能，就是我们看到的这种生物光了。

渔火

在天气晴朗的夜晚，那些长期生活、工作在海里的船员或海军经常会看到，海面上呈现一大片蓝绿色或者乳白色的闪光，人们把这种现象叫做"渔火"。它并不是海底火山之类的简单问题，而是海里藻类、细菌和某些海洋浮游生物大量聚在一起，而形成人们肉眼能看到的生物光。

"渔火"是一种高效率冷光，它的光能转换率大于90%，而通常我们使用的白炽灯、日光灯的光能利用率相当低。这种生物光的波谱成分十分柔和，适于人的眼睛，没有刺激作用。仿生工程师通过对它的研究进行生物光模拟，制造出了节能煤和节能电源。

草木有情吗?

"人非草木,孰能无情?"这句话是以草木的无情来反衬人的有情。然而据最新研究表明,科学家发现草木也很有感情。

这些细弱的枝叶会记得曾经吸吮它汁液的瓢虫吗?

"巴科斯塔效应"

美国犯罪研究中心的巴科斯塔博士做了一系列实验,以证实"草木也有情"。

他先是把许多活小虾装进一个特制的、能够自动缓慢地倾斜的容器,直到小虾最后从容器中倒出,掉进下面一个开水锅。

随后,巴科斯塔将一盆热带植物放在旁边,有意让它"目睹"小虾"赴汤遇难"的场景,再把植物的叶片用一副电极与测谎器相通,这样,自动记录仪会不断绘出线迹。结果怎么样呢?当小虾最后停留在容器边时,记录曲线开始波动,而小虾掉进热水锅的一瞬间,线迹直线上升。随着时间的流逝,线迹才缓慢下降。其描记曲线与测谎器记录人的激烈情绪波动如出一辙。人们把这种现象称为"巴科斯塔效应"。

植物有13天的记忆力

法国的生物学家们做了这样一个实验:当有两片嫩叶的幼苗刚刚破土时,科学家们拿针刺了几下其中的一片幼叶。几分钟后,科学家们把两片嫩叶全部切除,再让它们继续生长。结果,没受针刺的一边萌发的芽生长得很旺盛,而受过针刺一边的芽生长明显较慢。

解读奥秘世界

植物也会说话？

一位物理学家说："在20年前没有人相信鲸会唱歌，现在鲸唱歌已被破译。我们也将在短期内使树木间的联络声音变得听得见。"看来，植物并不像我们所看到的那样沉默。

植物的语言

20世纪70年代，一位澳大利亚科学家发现了一个惊人的现象，那就是当植物遭到严重干旱时，会发出"咔嗒、咔嗒"的声音。

后来，通过进一步的测量发现，声音是由微小的"输水管震动"产生的。不过当时科学家还无法解释，这声音是出于偶然，还是由于植物渴望喝水而有意发出的。如果是后者，那就太令人惊讶了，这意味着植物也存在能表示自己意愿的特殊语言。

不久之后，一位英国科学家米切尔把微型话筒放在植物茎部，倾听它是否发出声音。经过长期测听，虽然他没有得到更多的证据来说明植物确实存在语言，但科学家对植物"语言"的研究已经有了很大的进步。

揭秘植物的语言

赫伯特·魏泽教授是研究植物语言的专家，根据他的测试，树木可以通过声音来互相取得了解。但因音频很高，人耳听不见树木发出的声音。

有些植物通过另一种能量来进行互相交流，这种能量是微弱的光。这种光可以测量出来，甚至可以通过"剩余能量放大器"使这种光变得看得见。

不管是通过高频声音还是通过光，植物能够相互进行交流是可以肯定的，多数专家都认同这一点。

下述现象也是很有说服力的：一旦有一棵槐树由于某种不良刺激而开始产生某种带有毒性的物质，其周围所有的槐树都像接到命令一样开始产生毒物。如果在森林里有一棵橡树病死或者被砍伐，其周围的橡树就会进行全体动员，马上结出更多的种子，以保持种族的数量。

参天大树

植物交流也疯狂

植物之间的关系并不像我们想象的那样安静,其实各种植物之间都有自己独特的"语言",在各种情况下,它们也会互相进行交流。

会"说话"的鼠尾草

为了研究植物是如何相互交流的,美国加州大学的昆虫学家理查德和他的同事们研究了在犹他州和亚利桑那州一排排间隔着生长的野生烟草和鼠尾草。为了模仿被昆虫侵害的情形,研究人员剪掉了部分鼠尾草的叶子,这时鼠尾草发出了一种甲基的挥发性物质。当研究人员检查顺风方向的烟草叶时,他们发现烟草立即建立了它们的防卫。几分钟内,烟草体内的一种名为 ppo 的酶增加了 4 倍,这种酶可使烟草的叶子产生让食草虫难以下咽的味道。与鼠尾草相比,烟草叶遭受食草虫和毛毛虫侵害的程度要少60%。

荷兰一所大学的生态学家马歇尔说,这是植物间交流的"最精彩的例子之一"。但他同时也提醒说,鼠尾草不会为了不相干邻居的利益而发出甲基。他猜测,这一信号发出的目的可能是吸引能吃掉食草虫的食肉虫。

共患难的植物

当植物受到进攻时,它不只是被动地等待。一个研究小组的科学家们用事实证明,当植物受到侵害时,它会向邻居们发出一种化学信号,相邻的植物一接到"虫害入侵"信号就会立即启动它们的防御系统。

许多受伤害的植物都会发出一种化学求救信号。在一些情况下,这种求救信号会吸引对受伤植物有帮助的昆虫:比如说,当毛毛虫在吃一种植物时,这种植物就会发出一种可吸引黄蜂的求救信号,让黄蜂来杀死毛毛虫。

可见,植物之间的交流是非常广泛的,尤其是当它们面对外来危险的时候。

解读奥秘世界

神奇的人造植物

> 基因工程的发展，使人类可以根据自己的愿望制造出一些可爱的"人造植物"。这些植物都有哪些"特异功能"呢？

会打"信号灯"的植物

不同颜色的信号灯代表不同的意义。人们也制造出了会打"信号灯"的植物。英国科学家利用基因工程培育出一种能够改变颜色的植物，这种植物在紫外线的照射下，因缺水而干渴时，会自动变成蓝色；需要肥料而感到饥饿时会显示黄色；遇到有虫害侵蚀时，则会自动变成红色。人们根据这种植物的颜色变化，可以及时采取有效的措施。

有免疫功能的香蕉

美国研究人员培植了一种有免疫功能的香蕉，只要吃上一根，就可以避免乙肝、霍乱和痢疾等传染病，再也不用打针注射疫苗了。原来，科学家们将病毒疫苗改变了形式注入香蕉树。在香蕉的生长过程中，这种病毒疫苗的遗传物质就会成为植物细胞的成分，人吃了之后，就会在免疫系统中产生出抗体，来抵御病毒的侵害。

据说，一棵含有疫苗的香蕉树，可产大约45千克的香蕉。若将这种香蕉制成粉状食品，更便于婴儿食用。每年吃上一两次，就能起到预防疾病的作用。

↑通过接种病毒疫苗，能够生产具有免疫抗体的香蕉。

"吃"炸药的烟草

英国科学家利用基因工程改造了一种烟草，可以用来"吃"炸药。经过改造后的烟草能够产生一种细菌酶，可以把TNT炸药进行分解，并把分解后的物质作为自身生长的养料来吸收。只要将这种烟草栽种在受到炸药污染的土地里，几年之后，就可以将土壤中的炸药成分清理掉。

植物世界之最

一看标题我们便可以知道,这"之最"一定是世界第一之意,即使不敢保证将来是,但这也是目前为止发现的"世界之最"了。那么,能成为"世界之最"的植物都是哪些呢?

最粗的树

据报道,在西西里岛的埃特纳山边有一棵叫"百马树"的大栗树,树干的周长有55米左右,需30多个人手拉着手,才能围住它。树下部有大洞,采栗的人把那里当宿舍或仓库用。

最高的树

杏仁桉树一般都高达100米,其中有一株高达156米,树干直插云霄,有50层楼那样高。在人类已测量过的树木中,它是最高的一株。

这种树基部周长达30米,树干笔直,上部明显变细,枝和叶密集生在树的顶端。叶子生得很奇怪,一般的叶是表面朝天,而它是侧面朝天,像挂在树枝上一样,与阳光的投射方向平行。这种古怪的长相是为了适应气候干燥、阳光强烈的环境,减少阳光直射,防止水分过分蒸发。

↑ 植物界的活化石——银杏

资格最老的种子植物

银杏树的寿命远不及非洲的龙血树,也比不上美洲的巨杉。但它却是现存树木中辈分最高、资格最老的老前辈,早在2亿年前的中生代就出现在地球上了。

银杏在古代广泛生存在欧亚大陆上,后来大冰川来了,大部分地区的银杏被冰川毁灭,成了化石,唯独我国还保存了一部分活的银杏树,绵延到现在,所以都称它为活化石。

第 5 章

人类最惊人的创造

自从有人类历史以来,
勤劳智慧的世界人民创造了辉煌的历史文化和科技文明。
埃及的金字塔让我们倍感神秘和迷惑,
消逝的玛雅文明让我们惊叹不已,
新能源技术使我们的生活发生翻天覆地的变化,
超酷的现代通信技术更是对人们的想象力提出了挑战……
本章我们就带您去抽丝剥茧,
一起领略人类创造的惊人的奇迹。

神秘的金字塔

在埃及的尼罗河下游西岸,大约有80座金字塔,它们是古代埃及法老(国王)的陵墓。从四面望去,它都是上小下大的等腰三角形,很像中文"金"字,所以,人们就形象地叫它"金字塔"。关于金字塔的悬疑很多,正是这些悬疑使得人们对它的兴趣一直未减。

浩繁的工程

埃及最大的金字塔是第四王朝法老胡夫的陵墓,塔高146.5米,相当于一座40层高的摩天大楼。大金字塔由大约230万块大小不等的石块砌成。石块平均重量约为2.5吨,总重量约684.8万吨。如果用载重7吨的卡车来装载,需要978286辆。如果把这些卡车一辆接一辆连接起来,总长度是6200千米。

如此浩繁的工程,即使在科学技术发达的现代,也是非常困难的,那么,在遥远的古埃及是如何办到的呢?这真是一个难解之谜!

精确的建筑

建造金字塔的设计师绝对是一个超级天才。把一块巨大的凸形岩石平整成为5万多平方米的塔基,而且,这是在没有水平仪、动力设备的情况下完成的。它的4条底边相差不到20厘米,误差率不到千分之一;它的东南角和西北角的高度相差仅1.27厘米,误差率不到万分之一;它的东西轴和南北轴的方位误差,也不超过5弧秒。

石块与石块间没有任何黏结物,然而却拼合得天衣无缝,甚至,连最薄的刀片也插不进去。此外,怎样把石块一层层垒上去,更是一个引人猜想的神秘课题。像金字塔这样精确的建筑真的是让人惊叹不已,古埃及人民的智慧是何等的广博啊。

被火山湮没的庞贝古城

解读奥秘世界

庞贝古城是意大利半岛西南角坎佩尼地区一座历史悠久的古城，它背山面海，曾经是罗马富人寻欢作乐的胜地。然而，公元79年的一次火山爆发，将庞贝古城从地球上抹掉了。

庞贝古城遇难

公元79年8月24日，意大利的维苏威火山突然爆发。火山喷出的灼热岩浆遮天蔽日，四处飞溅；浓浓的黑烟裹挟着滚烫的火山灰，铺天盖地降落到庞贝城；不久，厚约5.6米的熔岩浆和火山灰毫不犹豫地将庞贝城从地球上抹掉了。一夜之间，一座美丽小城的一切都灰飞烟灭了。

1748年，这座被火山熔岩浆和火山灰埋没了1000多年的古城被一个农民发现，后经过挖掘，世人终于又看到了一座富丽堂皇的庞贝古城。

庞贝古城的城市建设

庞贝城占地面积约1.8平方千米，城墙周长4.8千米，均用石头砌建。有塔楼14座，城门7个，看上去蔚为壮观。在大街的十字路口都设有高近1米、长约2米的石头水槽，用来向市民供水。那么水槽里的水又是从哪里引来的呢？

原来水槽与城里的水塔相通，水塔的水则是通过砖石砌成的渡漕从城外高山上引进来的，然后分流到各个十字路口的公共水槽中。这个系统也为贵族富商庭院的喷泉和鱼池供水。

城西南有一个长方形广场，是全城政治、经济和宗教中心，四周建有官署、法庭、神庙和市场。城里还有3座大型剧场，其中最大的一座剧场位于城东南，建于公元前70年，可容纳观众2万人。

城市至少建有一座公共浴室，不但冷热浴、蒸气浴样样俱备，还附有化妆室、按摩室，装修也十分到位，墙上用石雕和壁画装饰着。可以看出，当时的庞贝古城被建设得井井有条，富丽堂皇。

如今寂寥的庞贝古城遗址

强大的孔雀帝国

在印度的整个历史长河中,政治长期处于分裂状态,统一的局面很短暂。孔雀帝国是印度历史上出现的第一个帝国,它使印度从分裂进入了一个短暂的统一局面。

孔雀帝国的建立与发展

公元前322年,旃陀罗笈多·孔雀侵占了摩羯陀国,从而建立了以他的名字命名的帝国——孔雀帝国。

在以后几年里,他稳步地朝西北方向扩大自己的统治,直到他的帝国从恒河流域发展到印度河流域,并跨越了包括这两条大河在内的三角洲地区。

与此同时,他还组织了一支强大的军队和一个有效的政府来维持他的统治。

后来,旃陀罗笈多的儿子频头沙罗征服了德干,而他的孙子——著名的阿育王则征服了印度东部的羯陵伽。在阿育王统治时期,孔雀帝国统治了除南端以外的整个印度半岛。

↑ 孔雀帝国的统治者

阿育王的统治

阿育王是印度历史上最重要的国王。在他统治的时期,孔雀帝国可以算得上是一个"美好的国家"。他建立医院和政治保护区,修改许多粗暴的法律,建筑公路,兴修水利。他还任命特别的政府官员——达摩官吏,来教导人们要虔诚,要相互促进友好关系。

在阿育王的国土上,所有的宗教都允许实行。虽然他特别注重发展佛教,但是他对婆罗门和耆那教也予以慷慨的捐助,并帮助各教各派的杰出人士。他强调的是宽容和非暴力主义,不仅因为这两者是在道德上合乎需要的东西,而且它们会促进他那庞大且复杂的帝国日益和谐。正是这样的统治政策和方针,使得阿育王在民众的欢呼声中统治了41年之久。

阿育王死后不到15年,孔雀帝国便土崩瓦解,此后一直未能东山再起。

解读奥秘世界

英国巨石阵

1130年,英国的一位神父在一次外出时偶然发现了巨石阵。从此,这座由巨大的石头构成的奇特古迹渐渐引起了人们的注意,而因它所引发的种种猜测也一直困扰着人类。

巨石阵的用处

关于巨石阵的作用,是和一个传说联系在一起的。传说,石拱门是古人在夏至时节用来观测太阳升落位置和轨迹的,主持夏至庆典仪式的长胡子白衣主教站在石拱门下象征永恒和圣洁。天文学家弗雷德·霍伊尔认为,石拱门是古人用来观察太阳和月亮的阴影,以推测天文历法的。

随着岁月流逝,人们已经很难搞清楚,为什么古人会煞费苦心地建造这些巨石阵了。

是谁建造的巨石阵

中世纪时,这个巨石阵被解释为魔力的产物:它是亚瑟王宫廷幻术师梅林从爱尔兰呼唤来的巨石筑就的。但是,这种传说终究不能令人们信服。

于是,又有好事者将建造巨石阵的过程想象为下面的情节:古人在建造巨石阵的时候,将40根巨型石柱运至工地现场竖立起来,并架上10吨重的过梁。

巨石阵建造的时间在公元前5000年—公元前3600年之间,但是,到了大约公元前1500年,也就是离现在3500年以前,英格兰的早期居民就不在这个地方举行任何活动了。然而,英国科学家最近发现,圆形石林可能到更晚一些的时期仍然在发挥某种功能。根据科学验证,在巨石阵内发现的一名男子的骨架,是2000多年前留在那里的。那么,这些人又是哪里来的呢?这一新发现又引起了众人的种种猜测。

吴哥古城的奥秘

在柬埔寨的西北部平原地带，有一处生长茂密的森林和树丛，穿过高大的树木和收割过的稻田，一座座古塔耸立在眼前。这就是古代柬埔寨废弃的古城——吴哥古城。

吴哥古城的建造

从 8 世纪晚期开始，吴哥曾长期作为高棉王国的都城，它的疆土覆盖东南亚大陆大部分范围。

耶跋摩是建造吴哥古城的第一个国王。公元 889 年，他继承王位，开始建造吴哥古城。12 世纪前半叶是吴哥王朝全盛时期，信奉婆罗门教的高棉国王苏利耶跋摩二世，为了祭祀"保护之神"、炫耀自己的功绩，建造了著名的吴哥窟（小吴哥）。大吴哥位于吴哥窟的北部，是耶跋摩七世统治时期建造的新都。

精良的建筑

吴哥古城中的每一块石头都是精雕细琢的。其遍布的浮雕壁画，技巧之娴熟、精湛，想象力之丰富、惊人，令人难以置信，以至于长时间流传吴哥古迹是天神创造的，而不是出自凡人之手的传说。

巴比伦城的奥秘

解读奥秘世界

两河流域的文明是世界四大古文明之一,由于主要是属于塞姆语系的巴比伦人（阿摩利人）所创造,因此又被称为巴比伦文明。巴比伦文明是人类文明史上重要的一页,其中巴比伦城是巴比伦文明的集中体现。

↑ 巴比伦宫殿觐见室釉砖墙上的壁画

典礼门

典礼门是巴比伦古城的大门,高4米多,宽2米左右。门的上部是拱形结构,两边和残存的城墙相连。门洞两边的墙上有黄、棕两色琉璃砖制成的雄狮、公牛等图像。公元前568年,波斯人在摧毁巴比伦古城时,只有这座城门保存下来,足见这座城门建筑得多么牢固。千百年过去了,在风雨剥蚀下,古城城墙已坍塌无存,唯独这座城门却依然完好如初。

巴比伦古城的兴衰与更替

巴比伦位于幼发拉底河和底格里斯河的交汇处,是一座令人神往的古城。早在公元前1830年左右,阿摩利人就以巴比伦为都城,建立了古巴比伦王国。在古巴比伦最出色的国王——汉谟拉比死后,巴比伦不断受到外族的进攻。历经了500多年战乱,直到公元前7世纪末,才在尼布甲尼撒的领导下,建立了新巴比伦王国。然而88年后,新巴比伦王国又被波斯人彻底毁灭。随着巴比伦王朝的覆灭,显赫一时的古城巴比伦也日渐消失在荒草之中。现在,很多考古学家正在进行挖掘和修复工作,力图早日恢复这座古城旧有的风貌。

古罗马科洛西姆竞技场

古罗马的科洛西姆圆形竞技场不仅建筑风格独特,而且是罗马帝国精神的象征。罗马人曾说:科洛西姆永不倒。科洛西姆竞技场究竟是什么样子的建筑?它真的永不倒吗?

科洛西姆竞技场

科洛西姆竞技场位于罗马古城区的威尼斯广场南面,建造时间为公元70—公元82年,其建筑体现了古罗马建筑风格,因为它庞大并兼顾实用和精美,让世人赞叹不已。

"科洛西姆"在拉丁语中的意思是"巨大的",因此人们又称之为大角斗场或圆形大剧场。科洛西姆竞技场的外部设计非常精美,内部构造也非常牢固耐用,其主要用途是进行角斗表演,更准确地说,它是一个多功能体育场。虽然这个体育场建立的年代很久远,但是现在那些用先进的现代技术建筑的体育馆都难以与之媲美。

↑ 古罗马角斗士的塑像

↑ 科洛西姆竞技场

竞技场的构造规模

科洛西姆竞技场号称是古代世界上规模最大的竞技场,它的外墙高48.5米,整个外观呈现椭圆形,长径达188米,短径为156米,圆周长为527米,总占地面积达到2万平方米。观众席可容纳约5万人,共分4层4区,60排,全部用大理石装饰。座位最前面是贵宾席,中间是骑士席,后面的是平民席。因为分有4个区,各区的观众对号入座,所以并不会发生纷乱的现象。

解读奥秘世界

"驻颜有术"的汉代女尸

生活在两千多年前的中国女性是什么样子？很多人都想了解。2002年7月，在江苏连云港出土了一具保存完好的汉代女尸，它为我们了解2000多年前的中国女性提供了重要的线索。

🟡 汉代女尸的出土

2002年7月7日，在连云港的海州区石棚山进行作业的姜茂东师傅用挖掘机挖出一个古墓葬。考古人员判定，这是一座夫妻合葬竖穴土坑木椁墓，时代应属西汉中晚期。发现的这个墓椁内有3口棺木，3口棺内尸骨为一男两女。其中一具女尸尸骨未腐，仰面漂浮在棕褐色棺液里，尸体皮肤新鲜，身长为1.58米。经鉴定，该女尸年龄在50岁左右。在其棺内的文物中，有一枚边长为1.3厘米的青铜印章，印钮是一只栩栩如生的龟，印章上清晰地刻着"凌惠平"，女尸的姓名确定无疑。

↑ 千年不腐的汉代女尸

🟡 女尸何以"驻颜有术"

凌惠平的遗体能如此完好地保存2000多年，可以说是一个极为罕见的奇迹。汉代女尸为什么能完好地保存至今？再者，同一个墓葬中，同样的环境和密闭条件下，为什么其他棺内仅存零星遗骨，凌惠平却能"驻颜有术"呢？

凌惠平不腐是否与其棺中的棺液有关呢？但同时出土的几口棺内也都盛满了液体。连云港市第一医院用大型全自动生化分析仪对棺液样本进行分析，发现其pH值为7.55，呈弱碱性，棺液中还含有血红蛋白。凌惠平能在适于细菌生存的碱性棺液内保持不腐，又是一个谜。是不是这棺液里含有固定剂，对古尸保存起了决定性作用，这需要进一步考证。

转基因食品

"转基因食品"已经成为我们生活中的一个重要话题,有的人极力赞同它,认为它能大大提高我们的生活水平;而有的人又非常畏惧它,认为它不是很安全。那么,到底什么是转基因食品呢?它对我们的生活是有利还是有弊?

什么是转基因食品

转基因食品是指利用分子生物学手段,将某些生物的基因转移到其他生物物种上,使其出现原物种不具有的性状或产物,以这些转基因生物为原料加工生产的食品,就是转基因食品。例如,科学家认为北极鱼体内某个基因有防冻作用,于是将它抽出,再植入番茄之内,制造新品种的耐寒番茄。

1993年,第一种市场化的基因食物在美国出现,它是一种可以延迟成熟的番茄作物。直到1996年,由这种番茄果实制造的番茄饼,才获得许可在超市出售。

转基因食品的利弊

转基因技术可以为人类带来益处,例如,可以生产拯救人类生命的药品。转基因作物同样对人类具有益处,如可提高作物产量,帮助人们解决饥饿问题、培育出能在恶劣环境下生长并可抗御病虫害的作物新品种等。

但是,转基因的动植物毕竟是人造的生物,而不是自然界原有的品种,它们对地球的生态系统来说都属于外来品种。由于转基因的生物一样有繁殖及与近亲交配的能力,它一旦被释放到环境中(例如在农田种植),后患莫测,一旦出错,将难以补救。

← 转基因物种的研究现在还不是非常成熟,因此人们对转基因的利用还是采取了比较谨慎的态度。

核武器

核武器又称原子武器，是利用原子核反应的各种效应起杀伤破坏作用的一种武器。核武器已经发展了三代，分别是原子弹、氢弹和中子弹。其按作战使用范围可分为战略核武器和战术核武器两大类。

战略核武器

战略核武器是从国家的政治目的出发而研制配备的核武器，和平时期起到威慑性的战略目的，战争时期起到迅速摧毁敌方同时积极保护己方安全的作用。它可以用战略飞机、洲际导弹和核潜艇来发射，威慑力大，使用范围广。

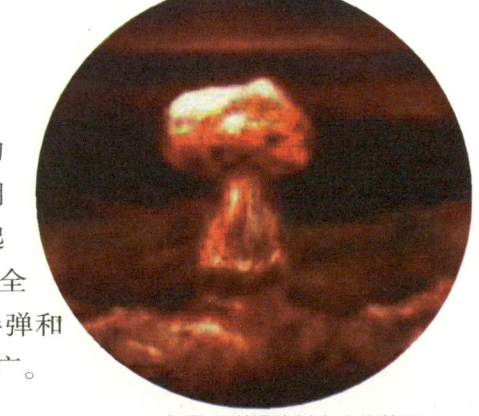
↑ 原子弹爆炸时产生的蘑菇云

曼哈顿计划

1942年8月，美国制定了研制原子弹的"曼哈顿计划"，由年轻的科学家奥本海默任设计师，随后任命格罗斯将军为负责人。制造原子弹的材料是铀235，它在天然铀中只有0.7%的含量，是制造原子弹的关键。

1945年7月16日凌晨，在新墨西哥州的阿拉莫可德沙漠中，进行了世界上第一颗原子弹的爆炸实验，在30米高的铁塔上，安放着世界上第一颗原子弹。这颗原子弹使用的是用劳伦斯法制取的铀235。清晨5点30分，引爆装置被启动了，巨大的蘑菇云腾空而起。

氢弹

氢弹又称热核弹或热核武器，它是利用原子弹爆炸的能量作为"扳机"，将聚变燃料加热至几千万K以上，使之发生自持的聚变反应，在瞬间释放出巨大的能量。其威力相当于几十万至几千万吨TNT。

中子弹

中子弹的特点是在爆炸时能放出大量致人于死地的中子，其中子产出量约为同等当量原子弹的10倍，并使冲击波等的作用大大缩小。在战场上，中子弹只杀伤人员等有生目标，而不摧毁诸如建筑物、技术装备等，"对人不对物"。1963年美国首次试验中子弹成功。

飘起来的磁悬浮列车

可以脱离轮轨而运行，并且时速能达到 500 千米以上的火车你听说过吗？这就是磁悬浮列车。

磁悬浮技术的研究源于德国，德国开发的磁悬浮列车 Transrapid，1989 年在埃姆斯兰试验线上达到每小时 436 千米。

磁悬浮列车

所谓的磁悬浮列车，就是依靠电磁吸力或电动斥力，将列车悬浮于空中前进的高速列车。也就是说，列车与地面轨道间没有真正接触，列车"飘"了起来。由于列车在牵引运行时与轨道之间无机械接触，因此，从根本上克服了传统列车轮轨黏着限制、机械噪声和磨损等问题。所以磁悬浮列车被认为是新世纪最理想的陆上交通工具。

← 高速行驶的磁悬浮列车，让人们深切地体会高科技带给人们的方便与快捷。

磁悬浮列车的种类

磁悬浮列车分为常导型和超导型两大类。常导型也称常导磁吸型，以德国高速常导磁悬浮列车 Transrapid 为代表。它在运行时悬浮的气隙较小，一般为 10 毫米左右，速度可达每小时 400～500 千米，适合于城市间的长距离快速运输。

而超导型磁悬浮列车也称超导磁斥型，以日本 MAGLEV 为代表。列车运行时悬浮气隙较大，一般为 100 毫米左右，速度可达每小时 500 千米以上。

中国磁悬浮列车的研究状况

目前，中国对磁悬浮铁路技术的研究还处于初级阶段。1994 年，西南交通大学成功地进行了 4 个座位、自重 4 吨、悬浮高度为 8 毫米、时速为 30 千米的磁悬浮列车试验。

2003 年，上海磁悬浮列车正式投入运行，这是世界上第一条投入商业营运的磁悬浮线路。

现代通信技术

第二次世界大战以来，人类进行了第三次科技革命，这次科技革命的一个显著特征就是现代通信技术的发展。现代通信技术主要包括光纤通信、卫星通信和数字通信。

光纤通信技术

光纤是一种能导光的玻璃或塑料纤维，它是由一根折射率很高的内芯和折射率低的涂料制成的。光线进入内芯后，在内芯和涂料的界面发生全反射，使光在光纤中呈锯齿形前进。所谓光纤通信，就是利用激光通过光导纤维传送各种信息的一种新型通信方式。

光纤通信的基本原理是：发信端将要求传输的电信号（模拟信号或数字化脉冲信号）去调制光源，进行电—光变换，被调制的光沿光纤传送到收信端，再由解调器进行光—电变换，检波复原成电信号。如果收、发信端间距过长、信噪降低时，可加设中继站进行信号再生放大。

↑ 光纤的广泛应用，极大地推进了通讯技术的现代化。

光纤通信相对于电缆通信的优点：一是容量大；二是损耗低；三是材料丰富，成本低。相对于一般无线通信，优点是信号传输稳定，通信质量高。

卫星通信技术

所谓卫星通信，就是利用通信卫星作为中继站，来转发无线电信号，在两个或多个地面站之间进行的通信。通信卫星是一种同步静止卫星，一颗通信卫星大约能覆盖地球表面积的40%。若在地球赤道上空的同步轨道上等间隔分布3颗静止卫星，即可实现除地球两极部分地区外的全球通信。

卫星通信具有通信容量大、覆盖面积大、通信距离远、通信质量高、投资少、灵活性大等特点。

节能技术

随着经济的发展，资源问题越来越突出。在我国这样一个人口大国，人均资源相对于世界来说非常的少。因此，如何节约能源成为新世纪经常讨论的一个话题。

←生活中常见的节能灯

什么是节能

节能，不是消极地压缩、限制生产和生活中的能源消费，而是通过采取科学技术、经济管理等措施，不断降低单位产品、劳务量和单位净产值的能源消耗，使能源得到更加合理、有效的利用。也就是说，节能就是尽可能地减少能源消耗量，生产出与原来同样数量、同样质量的产品；或者是以原来同样数量的能源消耗量，生产出比原来数量更多或数量相等质量更好的产品。

在实际工作中，节能主要是指节约热能和电能。节约热能主要围绕着热能的生产、储存、输送、转换和回收来进行。节约电能主要集中在发电、储电、输电、变电、供电等几个方面。

节约电能技术

当今世界，能源紧缺，特别是电力资源紧缺，在开发新能源的同时，节约电能也被提上日程。如下面的一些节能技术是有关部门经常使用的：

在火力发电方面，采用燃气—蒸汽轮机联合循环装置发电，热效率可达50%以上，从而可大幅度节约能源。

在储存电能方面，通过采用抽水储能电站、压气储能、飞轮储能、蓄电池储能等方式来调节电网用电的高峰和低谷。

在供电与供热相结合方面，可利用发电厂的余热，使城市供电、供热系统的总效率大为提高。

在节能控制技术方面，通过提高工业自动化控制水平、加强管理，实现能源使用最佳化，可节省大量电能。

在加热方面，使用远红外线加热，速度快，效率高，设备简单，加热质量好，生产费用少。与传统的加热方法相比，远红外线加热可以大幅度节能。

解读奥秘世界

海水能够淡化吗?

水是生命之源,然而,由于工业化的蓬勃发展与人口的急剧增加,人类所需的淡水取之不尽的神话被击得粉碎。淡水危机甚至比粮食危机、石油危机还要来势汹汹,让人类不得不把解决淡水资源的问题提上议事日程。

🟠 海洋水带给人类希望

地球,更确切地说是一个水球,因为地球表面的 3/4 都是被又苦又涩的海洋水覆盖着。地球上的海洋水约占地球上水体总量的 96.5%,在淡水危机情况下,人们把目光转向了海洋水。海洋水带给人类希望,因为海洋水是多种固体及气体的水溶液。水是溶剂,它能溶解多种矿物质,对人类的生活和生产具有重要意义。把海水、苦咸水等含高盐量的水转化为生产、生活用水的海水淡化技术,得到空前迅猛的发展。

🟡 海水如何淡化

目前,淡化海水的方法已有 10 种之多,下面介绍的是其中最为主要的两种。

蒸馏法。蒸馏淡化过程的实质就是水蒸气的形成过程,其原理就好比海水受热蒸发形成云,云在一定条件下遇冷再形成雨,而雨是不带咸味的。

电渗析法。电渗析法是将具有选择透过性的阳膜与阴膜交替排列,组成多个相互独立的隔室,海水被淡化,而相邻隔室海水浓缩,淡水与浓缩水得以分离。电渗析法不仅可以淡化海水,也可以作为水质处理的手段,为污水再利用做出贡献。

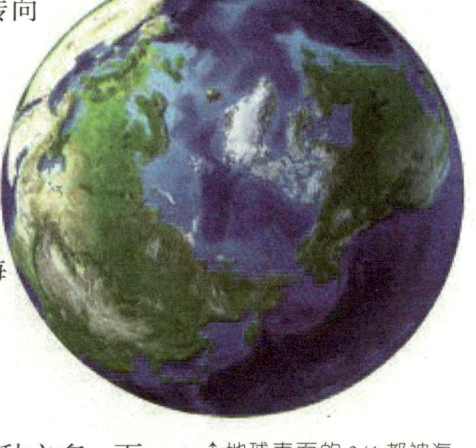

↑ 地球表面的 3/4 都被海水覆盖着,如何有效地利用这巨大的资源,就成了摆在人类面前的一个挑战。

地热能

地球内部的热能叫地热能。地热能是一种可再生能源，对它的利用不会带来环境污染，这种能源近年来已引起世界各国的注意。

地热能

利用地球内部的热而获得的动力称为地热能，温泉、间歇泉、沸泥浆池以及喷口（火山气体和热地下水的出口）是这类能量的主要来源。据估计，全世界地热资源总量相当于4948万亿吨标准煤，我国已查明的地热资源相当于2000多亿吨标准煤。

地热能通常有3种形式：一种是地下热水，比较常见；一种是地热蒸汽，有不含水的干蒸汽，也有以蒸汽为主的汽水混合的湿蒸汽；还有一种是温度很高的干热岩。多数地热资源都存在于活火山地区。这些岩石的放射性虽比地表上的岩石小，但其体积很大，因而有大量的热放出。

← 位于新西兰的怀塔基地热发电站

地热发电的优缺点

地热发电可以分为蒸汽型和热水型两种方式，但是由于蒸汽的地热资源较少，目前，世界上的地热电站大都属于热水型。

同普通的火电站相比，地热发电有不少独到之处。地热发电所用的"燃料"是蕴藏在地下的热能，开发起来比较经济，而它们的储存量却是任何其他电站无法比拟的。而且，地热发电还能减少环境污染。

但是，地热电站的厂址和规模受地质地理条件的限制，温度较低的地热资源利用效率不高，开发较深的地热资源在技术、经济上有诸多困难，地下热水和地热蒸汽往往会腐蚀管道和设备等，这些都是地热发电的不足。